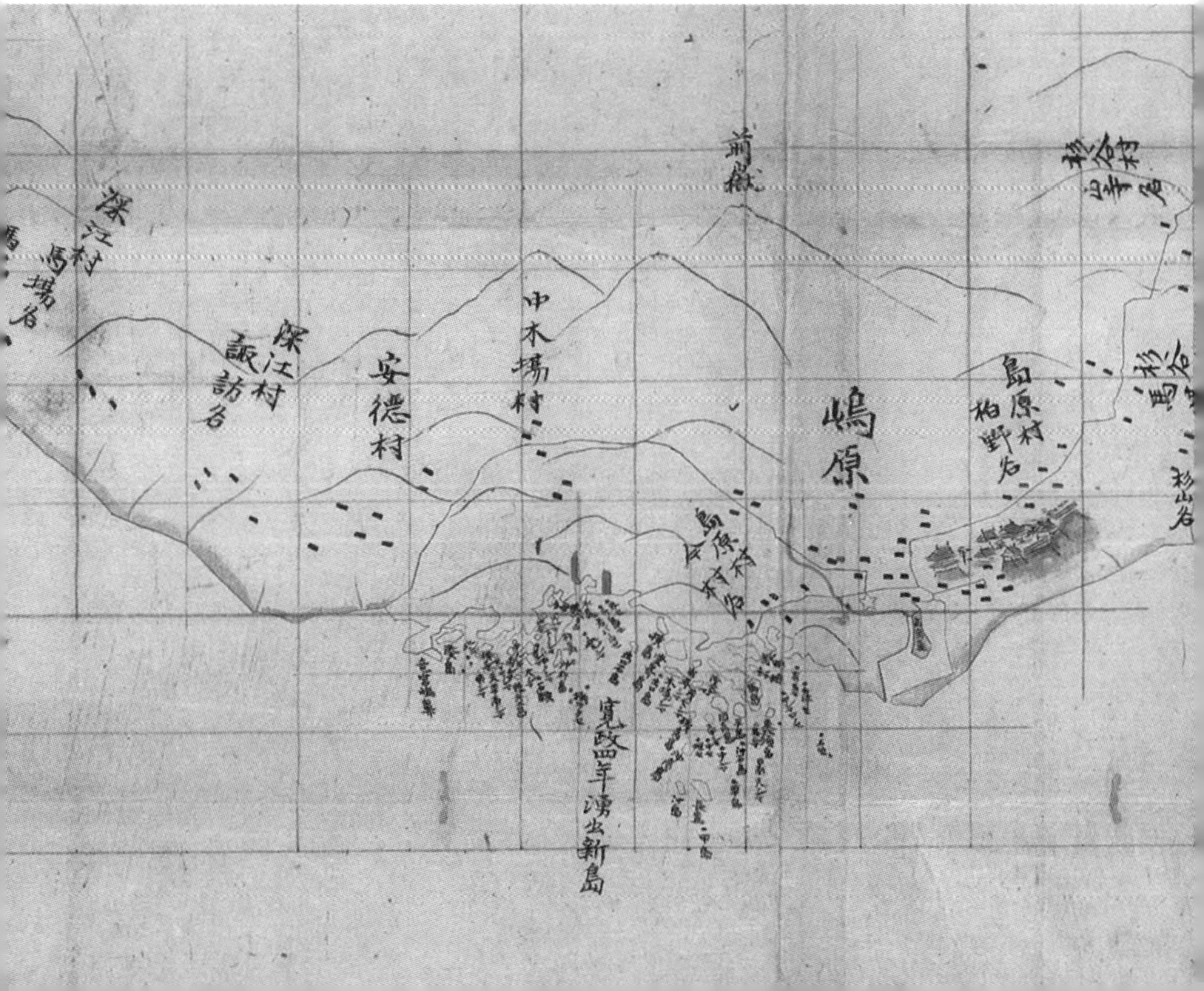
前嶽
杉谷村
深江村 馬場名
深江村 諏訪名
安徳村
中木場村
嶋原
島原村
寛政四年湧出新島

監修者――加藤友康／五味文彦／鈴木淳／高埜利彦

［カバー表写真］
「犬吠埼」(伊能大図第58号部分)と伊能忠敬

［カバー裏写真］
「夜中測量之図」

［扉写真］
「近江八幡」と「島原」
(伊能大図第125号・第196号部分)

日本史リブレット人 057

伊能忠敬

日本をはじめて測った愚直の人

Yoshihisa Hoshino
星埜由尚

目次

中高年の星「測量家　伊能忠敬」

西暦二〇〇〇(平成十二)年は、伊能忠敬(一七四五〜一八一八年)が蝦夷地《えぞち》の測量を始めてからちょうど二〇〇年目にあたった。そのため、忠敬に関する各種の行事や催し▲が行われ、忠敬の人気をいやがうえにも高めた。ブームといってもよいほどである。伊能図《いのうず》の発見などのニュースは、マスコミでも積極的に取り上げられた。

このように忠敬に魅力を感じる人が多いのはなぜだろうか。よくいわれるのは、忠敬は、「中高年の星」だということである。「人生二山」を実践した忠敬は、中高年齢層の人びとを勇気づける存在である。忠敬のように、定年後の生活を有意義なものにしたいと思っている人びとは多いだろう。高齢化社会において

▼**行事・催し**　西暦二〇〇〇(平成十二)年を中心にして、伊能忠敬の歩いた道をたどるウォーキング、伊能図の展示、忠敬を主人公にした映画や演劇の上演などが行われた。

は、模範的人物として忠敬は尊敬されている。

忠敬がわが国の歴史上、はじめて科学的測量による日本地図(伊能図)を作成した人であるということはよく知られている。大部分の日本人は、学校でもそのことを学ぶ。学習指導要領においても、学ぶべき歴史上の人物として忠敬が取り上げられており、二〇〇八(平成二十)年に改定された新しい学習指導要領においても、杉田玄白《すぎたげんぱく》▲など四二人の人物の一人として列記されている。しかし、そのような科学的測量と伊能図の作成がなぜ、どのようにして達成されたのか、またその動機や背景はいかなるものか、忠敬の業績は、のちの世にどのような影響をあたえたのかとなると知る人も少ない。忠敬が暦学《れきがく》や天文学《てんもんがく》に関心をもち、全国測量にいたる過程には、蘭学《らんがく》の興隆や商業資本の蓄積といった江戸時代後期の時代的背景や鎖国《さこく》体制下での異国船の出没といった時代の要請があったのであり、伊能図は、けっして江戸時代後期に突然変異的にできあがった孤高の地図ではない。それなりの必然性をもって生まれたものである。

忠敬の人物論については、古くは大谷亮吉《おおたにりょうきち》▲の名著『伊能忠敬』があり、近年では、小島一仁が新しい忠敬像について詳しく述べている[一九七八]。そのほ

▼**杉田玄白**　一七三三〜一八一七年。江戸時代後期の蘭学者、医師。若狭小浜藩《わかさおばまはん》の藩医をつとめた。前野良沢《まえのりょうたく》らとともに蘭医書『ターヘルアナトミア』を翻訳し、『解体新書《かいたいしんしょ》』を刊行する。『蘭学事始《ことはじめ》』を著わした。

▼**大谷亮吉**　一八七五〜一九三四年。東京帝国大学理学部物理学科を卒業し、帝国学士院の嘱託により長岡半太郎《ながおかはんたろう》の監修のもとに『伊能忠敬』を著わした。この書は、上梓まで九年を費やし、科学者の伝記として最高峰に位置づけられるものと評価された大著である。のちに京都帝国大学教授をつとめた。

か、井上ひさし『四千万歩の男』、伊藤一男『新考伊能忠敬』、今野武雄『伊能忠敬』など、小説も含め、忠敬の伝記について多数の著書がある。また、忠敬の測量については、その行程、旅行中の出来事などについて、佐久間達夫校訂『伊能忠敬測量日記』、渡辺一郎『伊能測量隊まかり通る』『伊能忠敬の歩いた日本』などにより、その実態を知ることができる。伊能測量の成果である伊能図についても、伊能図展覧会▲の図録や伊能図集▲が出版されている。

　忠敬については、このように先学の著作も多く、忠敬の人生についてはこれらから多くを学びつつ概観し、忠敬の愚直なまでの全国測量にかけた情熱とその背景を考えてみたい。

▼**伊能図展覧会**　最近では、一九九八(平成十)年に江戸東京博物館で開催された「伊能忠敬」展、二〇〇三(同十五)年に東京国立博物館で開催された「伊能忠敬と日本図」展のほか、二〇〇四(同十六)年には、実物大の伊能図複製図を床に広げて展示するフロア展が各地で開催された。

▼**伊能図集**　『伊能大図総覧』『伊能図集成』『東京国立博物館蔵伊能中図原寸複製伊能図』など、伊能大図・伊能中図を集成した図集が出版されている。

①―伊能忠敬の人生

伊能忠敬の生まれ

忠敬は、一七四五年二月十一日(延享《えんきょう》二年一月十一日)上総《かずさ》国山辺《やまべ》郡小関《こせき》村▲で生まれた。生家は、小関村名主《なぬし》▲小関家▲で、父は、小関貞恒《さだつね》といい、幼名は、三《さん》治郎《じろう》といった。兄と姉がいる三番目の子どもであった。六歳のとき母をなくし、小関家に婿入りしていた父は、離縁され実家の上総国武射《むさ》郡小堤《おんづみ》村▲の神保《じんぼ》家▲へ戻ったが、このとき三治郎だけは小関家に残された。三治郎が一〇歳のときに父に迎えられ神保家に戻る。一七歳で伊能家へ婿入りするまで、三治郎は、小堤村ですごすことになる。

忠敬が、少年期・青年期をどのようにすごしていたか、史料が少なく、言伝えはあっても、忠敬の研究家のあいだでもあまりよくわかっていない。かつては、小関家でも神保家でも冷たく扱われ、常総《じょうそう》地方の親戚をたらい回しされ、あまりしあわせではない少年時代を送ったといわれていた。とくに、戦前における忠敬研究の金字塔であった大谷亮吉《おおたにりょうきち》の大著『伊能忠敬』が一九一七(大正

伊能忠敬銅像(千葉県九十九里町小関の生家跡)

▼**小関村**　千葉県九十九里町小関。忠敬の生誕地は、現在公園になっており、忠敬の銅像と一九三六(昭和十一)年に建立された「伊能忠敬先生出生之地」と記された碑が建っている。碑は、徳富蘇峰《とくとみそほう》の揮毫《きごう》によるものである。銅像は、伊能忠敬生誕二五〇年を記念して建てられたものである。

▼**名主**　町・村の民政をあずかる村役人の一人。東日本では名主、西日本では庄屋《しょうや》といった。町・村の有力な家から世襲的に就任することが多かった。町・村の自治組

織であるとともに、幕府・藩行政の末端の役割も果たした。

▼**小関家**　九十九里は鰯《いわし》漁が盛んであったが、小関家は、鰯漁の網元《あみもと》で名主をつとめる家柄であった。

▼**小堤村**　千葉県横芝《よこしば》光《ひかり》町小堤。

▼**神保家**　戦国時代から続く土《ど》豪《ごう》で、小堤村の有力者として名主をつとめる家柄であり、松《まつ》尾《お》芭《ば》蕉《しょう》に連なる俳諧《はいかい》の家でもあった[伊東一男、二〇〇〇]。

六)年に著わされ、そのなかで忠敬の少年時代は不幸であったと書かれたことがその後の忠敬伝に大きな影響をあたえた。また、戦前の修身《しゅうしん》の教科書などに取り上げられ、皇民《こうみん》教育上の模範とされたことも忠敬像をゆがめることとなった。

　このような忠敬の不幸な少年期という伝説は、最近になって多数の研究家により是正され、小関家にしても神保家にしても名主層の家柄であり、上層の農民の子弟としてしっかりした教育を受けたのではないかと考えられている。神保家に戻ったのちは、常総地方の親戚や知人の家に寄食していたといわれているが、伊藤一男は、三治郎は積極的に親戚や知人の世話になって、さまざまな学問を学び経験を積み、そのなかに暦学《れきがく》や数学も含まれていたと述べている[二〇〇〇]。いずれにせよ、少年三治郎は、みずから世間や学問を学び、その秀才ぶりは近郷近在に広く伝わっていたと考えるのが自然ではなかろうか。そのことがその後、伊能家に見込まれ入婿することにつながると考えるのが素直であろう。

商人としての伊能忠敬

三治郎は、一七歳のとき下総《しもうさ》国香取《かとり》郡佐原《さわら》村▲の伊能家に入婿した。伊能家では、跡取り娘のミチが婿をとって家を継いでいたが、この婿が急逝し、早急に改めて婿をとる必要があった。このときに白羽の矢が立ったのが三治郎である。ミチは、このとき二一歳、三治郎より四歳年上である。三治郎の婿入りにあたっては、仲介の労をとった平山藤右衛門《ひらやまとうえもん》▲の養子となり、幕府《ばくふ》儒者《じゅしゃ》林《はやし》大学頭《だいがくのかみ》鳳谷《ほうこく》▲に「忠敬」と名乗りをあたえられている。

伊能家▲は、佐原では永沢《ながさわ》家▲とともに有力な名家であり、代々名主などをつとめ、酒造業・運送業・金融業などを営む大きな商家であった。大谷亮吉の大著『伊能忠敬』のなかでは、忠敬が入婿する以前の伊能家は、当主の早世などもあり、家運が傾いていたとされ、その後これが定説となっていた。また、修身の教科書などでは、伊能家における忠敬の立場もきわめて厳しく苦労が絶えなかったとさらに潤色された。

小島一仁は、このようななかば伝説と化した忠敬にまつわる苦労話に疑問をいだき、それらが戦前の刻苦勉励型にステレオタイプ化された忠敬の偉人伝に

▼佐原村　村とは称しても、香取郡の中心的な町であった。現在は、周辺の町村を合併し、千葉県香取市の中心市街地となっている。

▼平山藤右衛門　忠敬の父親の神保家とは姻戚関係にあった。多古《たこ》地方(千葉県多古町)の名族であり、昌平坂学問所《しょうへいざかがくもんじょ》に学び林鳳谷に薫陶を受けた文化人である[伊藤一男、二〇〇〇]。

▼林大学頭鳳谷　幕府の儒者林《りん》家《け》は代々大学頭に任じられ将軍家侍講《じこう》をつとめた。鳳谷は五代目。

▼伊能家　伊能家の先祖は、大和《やまと》国高市《たかいち》郡西田《にしだ》郷に居住していたが、八〇七(大同《だいどう》二)年下総国香取郡大須賀荘《おおすがのしょう》にくだり、伊能村に居住して伊能氏を名乗った。その後、佐原郷新宿《しんじゅく》を開き佐原の有力者となったといわれている[大谷亮吉、一九一七]。代々佐原村本《ほん》宿組《じゅくぐみ》の名主をつとめた。

端を発するものであることを明らかにした［一九七八］。小島によれば、忠敬が伊能家にはいった当時、先々代に比較すれば、商いの規模は、若干縮小していたかもしれないが、土地の所有はふえており、けっして家運が傾くといった状況ではなかった［一九七八］。大多数の研究家の最近の見解においても、伊能家の家業は、当時若干の停滞はあったが、依然として佐原の大商人であったというのが定説である。

佐原は、忠敬の時代には、利根《とね》川にそう舟運の町として栄えていた。九十《くじゅう》九里《くり》の干鰯《ほしか》▲や塩の集散地として関東でも有数の町であった。その繁栄の面影は、小野《おの》川にそった古い町並みに現在でもみることができ、国の重要伝統的建造物群保存地区▲に指定されている。忠敬の旧居も、敷地は縮小したが、当時の建物が残っており、国の史跡に指定されている。

このような繁栄を謳歌していた佐原の町で、忠敬は、四九歳のときに家督を息子の景敬《かげたか》に譲るまで商いに精をだし、家産をふやした。渡辺一郎は、伊能家の資産がどのくらいあったか試算しているが、それによると、現在の貨幣価値にして四五億円程度はあったとされている［一九九九］。人生五〇年の時代にお

▼**永沢家**　伊能家とならぶ佐原の有力者であった。代々佐原村浜《はま》宿組《じゅくぐみ》の名主をつとめた。忠敬が伊能家に入婿したころ、永沢家のほうが繁盛していたといわれている。一七六九（明和《めいわ》六）年、牛頭《ごず》天《てん》王社《のうしゃ》の祭礼でもめごとがあり、忠敬は永沢家と義絶している［小島一仁、一九七八］。

▼**干鰯**　九十九里で漁獲された鰯は、干して肥料として全国で流通した。

▼**重要伝統的建造物群保存地区**　文化財保護法に基づき、周囲の環境と一体をなして歴史的風致を形成している伝統的な建造物群のうち、とくに価値が高く保存すべきものとして文部科学大臣が選定した地区。

いて、忠敬は商人として成功した人生を送ったのである。

佐原村の有力者としての伊能忠敬

伊能家は、同じく佐原村の名家である永沢家とともに代々名主をつとめ、忠敬も、三六歳のときに佐原村名主となり、三九歳のときには村方後見《むらかたこうけん》▲となっている。そして、天明《てんめい》の大飢饉《だいききん》▲など凶作や飢饉のときには、村の有力者としての務めから窮民の救済をしばしば行っている。小島一仁は、窮民の救済には、打ちこわしを恐れたという背景もあると述べている［一九七八］。それも真実であると思われるが、忠敬の負担が相当な額にのぼったことも確かであり、窮民救済の使命感なしにはできないことであろう。また、佐原は、利根川の洪水による出水の被害を受けやすい土地柄であったことから、堤防修築のための普請《ふしん》掛《がかり》も地頭所《じとうしょ》（旗本津田氏《はたもとつだ》▲）から命ぜられている。このような普請事業に参画することによって、忠敬の地図や測量に対する関心が生まれ、後年の一大事業の素地をつくったと考えられる。

このように、佐原村の有力者の一人として、忠敬は、家業を順調に発展させ

▼**村方後見**　名主の上に立ち、村役人全体を監督する立場の役職。

▼**天明の大飢饉**　天明年間（一七八一〜八九）に発生した史上最大の飢饉。浅間山《あさまやま》・岩木山《いわきさん》などの火山噴火の影響も大きく、東北地方を中心に数十万人の犠牲者をだしたといわれる。

▼**旗本津田氏**　一七七八（安永七）年、それまで天領《てんりょう》であった佐原村は、津田山城守《やましろのかみ》の知行所《ちぎょうしょ》となった。忠敬は、飢饉のとき窮民を救ったことなどにより、一七八三（天明三）年、津田氏から苗字帯刀《みょうじたいとう》を許されている。

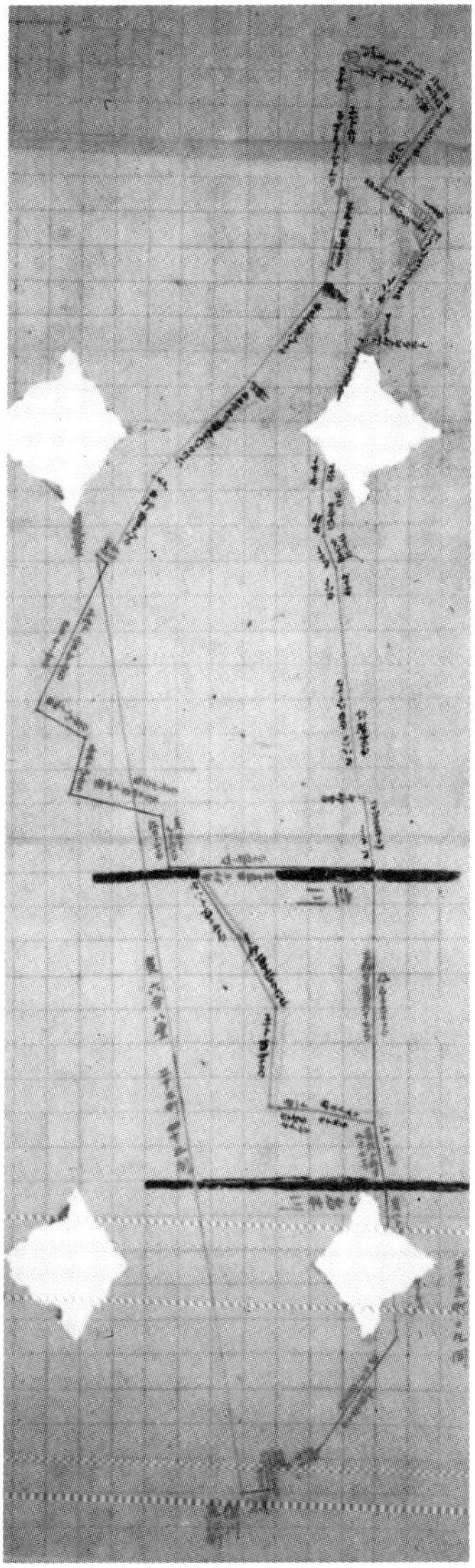

黒江町・浅草測量図

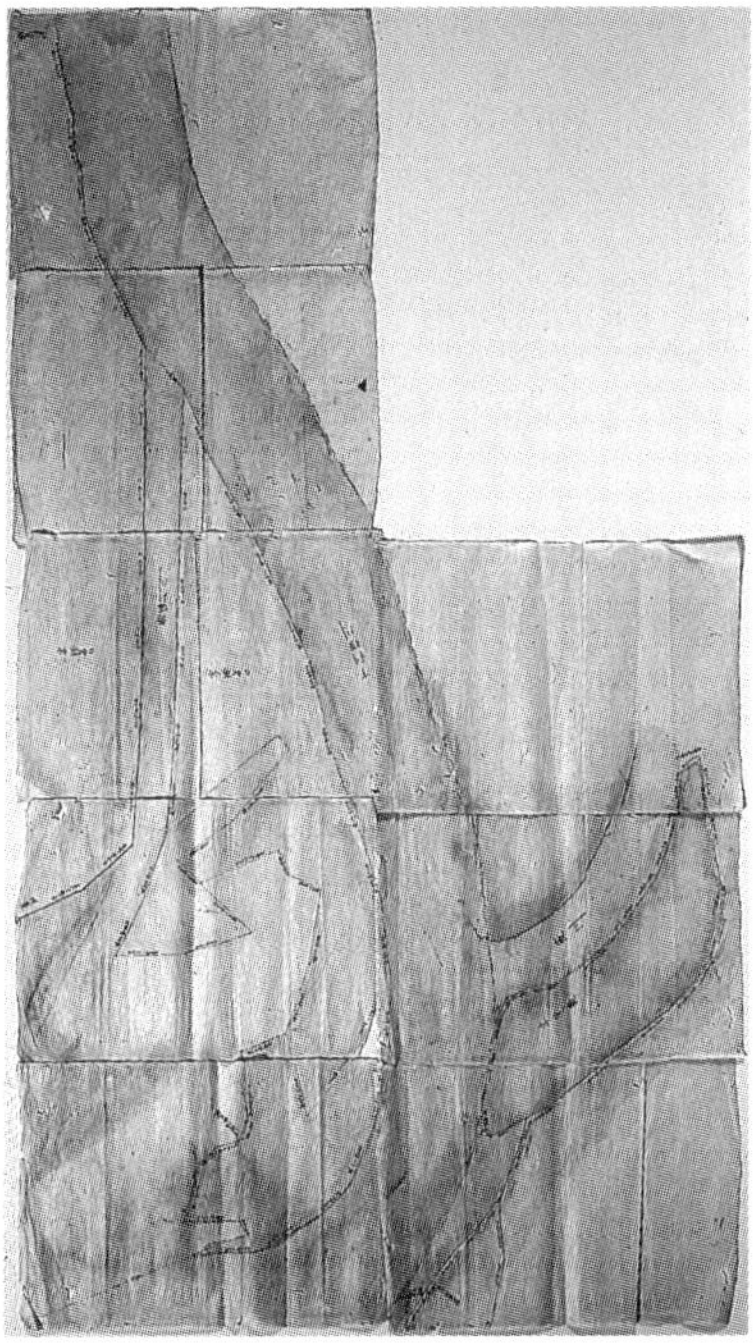

佐原実測地図

るとともに、村の自治においても大きな力を発揮し、村民から慕われるばかりでなく、領主である津田氏の信頼も厚いものがあった。そして、村政に携わり、普請事業などに責任をもつようになって、生来の学問好きとあいまって測量・地図の重要性にも認識を深めていったのであろう。

忠敬が佐原時代に作成した地図がある（前ページ右図参照）。一七九四（寛政《かんせい》六）年に忠敬が作成した利根川の実測図である。のちの伊能図《いのうず》と比べても、朱で描いた測線《そくせん》などその表現に似たところが多い。忠敬は、一七九五（寛政七）年に江戸にでているので、その直前に作成されたものであり、このころまでに測量の心得▲をすでにもっていたことを示している。この地図は、伊能家に伝わったもので、ほかに佐原時代に作成した地図はみつかっていない。しかし、名主や村方後見として利根川の治水事業にもかかわることによって、忠敬が測量に関する知識や技術を磨いたことは想像にかたくない。

隠居後の伊能忠敬

忠敬四九歳のとき、息子の景敬に家督を譲り隠居し、名を勘解由《かげゆ》と改めた。

▼**測量の心得**　忠敬に限らず、農業生産が基盤であった農村では、洪水の防御などの普請や土地争いを裁許するための地図の作成など、測量技術が村政上必要であり、名主・庄屋などの上層農民のあいだには測量技術がたくわえられていた。測量技術に関する書物も多数出版されている。

▼**推歩**　天体の運行を推測することを「推歩」という。

▼**渋川景佑**　一七八七〜一八五六年。高橋至時の次男。一八〇八（文化五）年渋川春海から続く幕府天文方渋川正陽の養子となり、兄

隠居後は、江戸にでて深川黒江町《ふかがわくろえ》（東京都江東区《こうとう》門前仲町《もんぜんなかちょう》）に隠宅を構え、幕府天文方《てんもんかた》高橋至時《たかはしよしとき》（一七六四〜一八〇四年）に弟子入りして生来の夢であった学問の道を志した。忠敬は、高橋至時より一九歳年上であったが、弟子として一所懸命に暦学・天文学の勉学に励み、天体観測のための機器などもみずから購入し、工夫・考案して、自宅に観測場を設けて天体観測を熱心に行った。高橋至時は、弟子にはまず中国流の暦学を教え、その後に西洋流の天文学を教えたが、忠敬はすでに中国の暦法を勉強していたので、直接西洋流の天文学を教えたといわれている［小島一仁、一九七八］。忠敬は、あまりに熱心に天体観測に取り組んだので、高橋至時から「推歩《すいほ》▲先生」と呼ばれていた。忠敬は、毎日のように自宅で天体観測を行っていたので、決まった時間がくると、そわそわとしはじめ、人と話をしていても話を打ち切って自宅にそそくさと帰っていったと、渋川景佑《しぶかわかげすけ》▲の『伊能翁言行録▲』には記されている。

当時、日本ではいまだ地球楕円体《だえんたい》説▲は知られておらず、地球は、球体としてとらえられていたが、地球の形・大きさを知ることは、天文方高橋至時にとって年来の課題であった。忠敬は、師の高橋至時から暦学・天文学を深く学ぶに

高橋景保とともに天文方に任じられた。一八〇五（文化二）年の第五次伊能測量に参加している。一八四二（天保《てんぽう》十三）年に天保暦を作成した。

▼**『伊能翁言行録』**　保柳睦美編著『伊能忠敬の科学的業績』に「渋川景佑述、撰：伊能翁言行録（仮書名）」が収載されている。「伊能翁言行録（仮書名）」は、佐藤一斎の墓碑文、家譜、伊能翁伝、伊能翁に関する見聞記、伊能翁行状記および東河伊能翁伝からなる。東河伊能翁伝は渋川景佑が著わしたものであるが、ほかは著者不明である。

▼**地球楕円体説**　地球が回転楕円体であることは、『ラランデ暦書』によりわが国には紹介されたが、伊能測量においては、地球は球体として取り扱われていた。したがって、子午線一度の長さも地球を球体として算出されたものである。

つれ、地球の形・大きさを知りたいと強く思うようになった。それには、子午《しご》線《せん》の長さを測ることが必要である。緯度一度の長さを正確に測れば、子午線の長さを求めることができる。そこで、深川黒江町の自宅から、ちょうど北の方角にある暦局《れききょく》▲までの距離を測り、自宅と暦局の緯度差を測定すれば、子午線の長さが求まるのではないかと考え、歩測で自宅・暦局間の距離を測った。その結果をもって師の高橋至時に報告したところ、そのような短い距離を測っても誤差が大きい、少なくとも蝦夷地《えぞち》くらいまでの距離を測らなければならないと一蹴された。これが忠敬をして全国測量に向かわしめたそもそもの動機となったのである。このときに、自宅から暦局までの道筋を測量して作成した地図が残っている(九ページ左図参照)。子午線一度の距離を算出するためには、必ずしも正確に図化した地図を描く必要はないが、測量結果を図化した地図を残すことの重要性を認識していたのだろう。

伊能忠敬が師事した高橋至時と息子景保

忠敬が師事した高橋至時は、通称作左衛門《さくざえもん》といい、景保《かげやす》(一七八五〜一八二九

▼暦局　天文方役所。天文屋敷、司天台《してんだい》、頒暦所《はんれきしょ》とも称した。伊能大図には、頒暦所と記されている。

▼渋川正陽　一七七一〜一八二一年。渋川春海に始まる幕府天文方渋川家を継いだ。このころの渋川家は、当主の早世が続き、名目のみの天文方となっていた。

▼大坂定番　大坂城の守衛と西《さい》国大名《ごくだいみょう》の監視を任務とする大坂城代の補佐役。老中《ろうじゅう》支配一〜二万石《ごく》の大名が任命された。

▼麻田剛立　一七三四〜九九年。豊後《ぶんご》国杵築藩《きつきはん》の藩医であったが、天文学研究に打ち込み、脱藩して大坂に居を構え、天文学の研究を行った。当時、天文学の分野では第一人者であった。

▼間重富　一七五六〜一八一六年。麻田剛立門下の天文学者。高橋至時とならぶ門下の秀才であっ

年）と景佑の二人の息子がいた。景保は父の跡を継ぎ、景佑は、天文方渋川正《まさ》陽《てる》の養子となり、渋川家の跡を継いでいる。高橋至時は、大坂定番《じょうばん》の同心《どうしん》であったが、当時暦学・天文学の第一人者であった麻田剛立《あさだごうりゅう》の門下で、商人出身の間重富《はざましげとみ》とならんで一番の秀才といわれた学者である。麻田剛立の推薦により間重富とともに一七九五（寛政七）年江戸に召しだされ、幕府天文方として寛政暦の作成に従事した。

そもそも暦の作成は、朝廷《ちょうてい》の権能の一つであり、公家《くげ》の土御門家《つちみかど》がその業務を独占していた。しかし、世襲のため、地位に安住して勉強も疎かになり、中国を通じてはいってきた西洋の暦法なども理解できず、日食の予測をあやまるなど、失態を重ね信頼を失っていた。幕府においても、渋川春海《はるみ》に始まる天文方の天文・暦法に関する知識や経験も衰えていた。そのため、幕府は、西洋の暦法に通じ、天文学者として評価の高い麻田剛立に白羽の矢を立てたわけである。麻田剛立は、高齢であることもあり、高橋至時と間重富を推薦し、高橋至時は天文方に任命された。

高橋至時は、麻田門下でも抜群の秀才であったが、たいへんな勉強家でもあ

た。大坂で質屋を経営し、蔵が一一あったので「十一屋五郎兵衛」と称し、また一五にふえたので「十五楼主人」とも称した。

▼**寛政暦**　幕府は、日食の予測などができず、欠陥の多かった宝《ほう》暦暦《れきれき》の改暦《かいれき》を行うため、高橋至時を天文方に抜擢し、寛政暦を作成させた。一七九八（寛政十）年から一八四三（天保十四）年まで使用された。

▼**土御門家**　陰陽道《おんみょうどう》をつかさどった安倍《あべ》家が、のちに土御門と改め、暦博士《れきはかせ》として改暦の権限を握っていた。

▼**渋川春海**　一六三九〜一七一五年。江戸幕府碁方《ごかた》の安井《やすい》家一世安井算哲《さんてつ》の子として生まれ、二世安井算哲を名乗った。囲碁《いご》棋士であり、天文学者、神道《しんとう》家でもあった。幕府の初代天文方となり、貞享《じょうきょう》暦《れき》を作成した。渋川家は、代々天文方を世襲した。

った。天文方に昇進後も当時は中国語訳として導入された難解な西洋天文学書を読破し、わが国の天文学の理論の高度化に大きく貢献した。当時世界最高水準の天文学書『ラランデ暦書』を若年寄《わかどしより》堀田摂津守正敦《ほったせっつのかみまさあつ》からあたえられた高橋至時は、その内容の高度なことに驚き、オランダ語はあまり得意ではなかったが、心血をそそいで翻訳作業に取り組み、みずからの命と引きかえに『ラランデ暦書管見』を短時間で完成させた。

高橋至時は、忠敬の蝦夷地測量にあたり、幕府要路の承認をえるために奔走した。子午線一度の長さを測るという目的では、幕府に理解されるのはむずかしく、許可がえられるはずもない。蝦夷地測量を行い地図を仕立てるという名目で幕府の許可をえたのは、高橋至時の才覚である。忠敬が蝦夷地測量から始め、第三次の奥羽《おうう》・羽越《うえつ》測量までの成果から子午線一度の長さ二八・二里を算出したとき、高橋至時は、これをなかなか認めようとしなかったが、『ラランデ暦書』の値と一致することをみいだし、忠敬とともに喜びあったと伝えられている。

このように、高橋至時は、忠敬の最大の理解者であり、伊能測量の推進者で

▼**『ラランデ暦書』**　当時最高レベルの天文学書であったフランス天文学者ラランデ(一七三二〜一八〇七年　Joseph Jerome Le Francais de Lalande)の著書(*Astronomia of Sterrekunde*)のオランダ語訳を高橋至時は抄訳し、『ラランデ暦書管見』を著わした。地球楕円体説も『ラランデ暦書』により導入された。

▼**堀田摂津守正敦**　一七五八〜一八三二年。仙台《せんだい》藩主伊達宗村《だてむねむら》の八男で、近江堅田《かただ》藩主堀田正富《まさとみ》の養子となり、近江堅田藩を襲封する。のちに下野佐野《しもつけさの》に転封《てんぽう》。一七九〇(寛政二)年に若年寄となり、没する直前までつとめた。仙台藩、堀田本家の佐倉《さくら》藩後見役《こうけんやく》もつとめている。松平定信《まつだいらさだのぶ》とともに寛政の改革を行い、蘭学《らんがく》に関心をもち、和漢《わかん》の知識に富んでいた。『寛政重修諸家譜《ちょうしゅうしょかふ》』を編纂した。天文方は、堀田正敦の支配下にあった。

もあったが、もともと胸をやんでいたこともあり、『ラランデ暦書管見』執筆時の過労がたたり、四一歳の若さで一八〇四(文化元《ぶんか》)年になくなった。そのあとは、当時一九歳であった息子の景保が天文方を継ぎ、父と同じく作左衛門を名乗った。景保はまだ若かったため、間重富が暦局にはいり景保を補佐した。

高橋景保も天文方として忠敬の測量を父至時と同様に支えた。伊能測量の成果は、忠敬の死後一八二一(文政四《ぶんせい》)年に「大日本沿海輿地全図《だいにほんえんかいよちぜんず》」として結実し、高橋景保は、忠敬の孫忠誨《ただのり》をともない登城して「大日本沿海輿地全図」を幕府に提出した。忠敬は、死後高橋至時の墓のそばにほうむられることを遺言で希望したが、高橋景保は、忠敬の葬儀や墓石の建立など一連の儀式をすべて取り仕切ったといわれている。忠敬の一〇次にわたる全国測量の後半は、高橋景保が総責任者として、測量の実施にともない発生するさまざまな問題を捌いたのである。高橋景保は、のちに書物奉行《しょもつぶぎょう》▲もかね、父の至時に劣らず学者として一家をなしたが、シーボルト事件(七三ページ参照)に連座し獄死した。

▼**書物奉行**　若年寄の支配下で紅葉山文庫《もみじやまぶんこ》の図書の収集、管理などを行う幕府の役職。役高《やくだか》二〇〇俵、役扶持《やくぶち》七人扶持、焼火《たきび》の間席であった。

伊能忠敬旧宅（千葉県香取市佐原）

▼**桑原隆朝**　一七四四～一八一〇年。仙台藩の上級藩医（四〇〇石）で江戸詰めであった。医師としての立場から交流の幅が深く、幕府要路にも人脈をもち、若年寄堀田正敦にも知己をえていた。忠敬の全国測量における陰の功労者である。

伊能忠敬をめぐる人びと

忠敬は、一七歳のとき伊能家に婿入りしたことはすでに述べた。妻のミチは、戦前の忠敬偉人論では、忠敬をないがしろにした悪妻であったとされていた。しかし、忠敬を気づかう手紙などが残っており、ミチはけっして悪妻ではなく忠敬とは仲睦まじい夫婦であった。忠敬は、一七七八（安永《あんえい》七）年には、ミチとともに奥州《おうしゅう》松島《まつしま》をたずね、『奥州紀行』を著わしている。

ミチとのあいだには、長女のイネ（一七六三～一八二二年）、長男の景敬（一七六六～一八一三年）などを儲けたが、ミチは、一七八三（天明三）年に四二歳で死去する。景敬は、忠敬の隠居後家業を継ぐが、九州測量のあいだになくなっている。イネは、夫盛右衛門《せいえもん》の商売上の失策のため、忠敬から離縁を迫られたが、拒否したため、勘当された。しかし、景敬がなくなったため、勘当を赦され、景敬の子の三治郎（のちの忠誨）を養育し、当主のいない伊能家を景敬の妻リテとともに守った。

忠敬は、四五歳のときに仙台藩藩医《はんい》桑原隆朝《くわはらりゅうちょう》▲の娘ノブと再婚する。桑原隆朝は、忠敬が高橋至時に弟子入りし、蝦夷地に始まる全国測量の実施にあたって、若年寄堀田摂津守正敦など幕府要路への折衝にたいへん力のあった人である。ミチがなくなり、ノブと再婚するまでのあいだ、法名妙諦《みょうてい》という内妻がいたことが知られているが、妙諦とのあいだに生まれた秀蔵《しゅうぞう》（一七八六〜一八三八年）は、忠敬の弟子として伊能測量に参加した。

秀蔵は、第一次から第六次までの測量に参加したが、第六次の途中、大坂から病気のため郷里に帰った。その後、勘当されている。秀蔵は、妾腹の子であったためか、親子の情は薄かったようで、「測量日記」▲のなかでは「稲生《いのう》」と記されている場合もある。弟子としても秀蔵は短慮粗暴な傾向があり［大谷亮吉、一九一七］、忠敬の信頼をえられず、忠敬は、測量御用の跡継ぎは、孫の忠誨と考えており、秀蔵は眼中になかったようである。このことをみても、忠敬のきわめて厳しい一面がうかがわれる。

ノブとは、忠敬五〇歳のときに死別する。そののち、江戸でエイという女性を内妻とするが、エイは、白文《はくぶん》を読める才女で、忠敬の測量手伝いもできた。この女性について詳しいことはわからず、謎の女性とされていたが、最近の研究で当時名前の知られていた女流漢学者《かんがくしゃ》で大崎栄《おおさきえい》▲という人物であることが判明

▼**「測量日記」**　蝦夷地測量の許可を受けるにあたっての幕府との折衝から始まり、第一次から第一〇次にいたる測量の毎日の記録である。天候・宿舎・地名・寺社などが客観的に記載されており、忠敬個人の主観的な記載は少ない。伊能忠敬記念館に二八冊が所蔵され、国宝に指定されている。

▼**大崎栄**　?〜一八一八年。号を小窓《しょうそう》といい、女流漢詩人である。久保木清淵に学んだといわれている［渡辺一郎、二〇〇三］。

した。第一次測量以後はその消息がたえている。

忠敬は、当時の文化人▲と幅広い交際をもっていた。文学的素養もあり、和歌・俳句などへの関心も深く、各地でそのような交流もしている。佐原の時代には、隣村津宮《つのみや》村の久保木清淵《くぼきせいえん》▲と親交を深めていた。久保木清淵は名の知られた漢学者で、忠敬の漢学の素養はこの人からえたものである。全国測量の成果を地図に仕立てたときにも久保木清淵には大きな支援を受けている。

忠敬の測量については、各藩に先触れが届き、各地の測量家が忠敬の測量が実施されることを知って忠敬をたずねたり、隠密裡に伊能測量隊に潜り込んで測量術を盗もうとしたり、各藩のさまざまな対応があった。測量家として有名な村上島之允《むらかみしまのじょう》▲・石黒信由《いしぐろのぶよし》▲・久米通賢《くめみちかた》▲などにもあっている。蝦夷地の測量では、箱館《はこだて》近傍で村上島之允に面会しているが、その当時間宮林蔵《まみやりんぞう》▲は、村上島之允の従僕であった。「測量日記」には、間宮林蔵のことはふれられていないが、このときにはじめてあったものと考えられる。

間宮林蔵は、その後蝦夷地、樺太《からふと》、千島《ちしま》などの探検を行い、間宮海峡の発見でその名を残すが、蝦夷地の測量も行っている。測量については、忠敬の隠宅

▼**当時の文化人**　司馬江漢《しばこうかん》・会《あい》田《だ》安明《やすあき》・菅茶山《かんちゃざん》など幅広く文化人との交流があった。

▼**久保木清淵**　一七六二〜一八二九年。佐原の隣村津宮村の名主をつとめた漢学者で忠敬とは親友の間柄であった。一七九三(寛政五)年には、忠敬とともに伊勢《いせ》参宮と京・大坂の旅をしている。地図御用所での地図編集作業も手伝っている。

▼**村上島之允**　一七六〇〜一八〇八年。伊勢の人。秦檍丸《はたあわぎまろ》とも称し、幕府役人(普請役御雇い)として蝦夷地調査に従事した。植林・農耕を指導し、地図を作成して蝦夷地の開発に力をつくした。近藤重蔵《こんどうじゅうぞう》の調査隊にも加わり、蝦夷地を踏査している。『蝦夷島奇観《えぞがしまきかん》』『東蝦夷地名考』『蝦夷島地図』などを著わしている。

▼**石黒信由**　一七六〇〜一八三六年。越中《えっちゅう》高木《たかぎ》村(富山県射水《いみず》

に居《い》候《そうろう》して直接指導を受け、忠敬が足跡を残せなかった蝦夷地北半についても測量データを提供して「大日本沿海輿地全図」を完成させた。間宮林蔵は、忠敬宅には足繁くかよい、忠敬の最期にも居合わせたといわれている。

伊能忠敬の人柄

忠敬はどのような顔と姿であったのであろうか。忠敬の像は、もっとも新しい富岡《とみおか》八幡宮の銅像(八四ページ右参照)をはじめ、佐原の諏訪《すわ》公園(同ページ左参照)、生誕地九十九里小関の銅像(四ページ参照)など、石像を含め六カ所に建立されている。また、絵師として伊能測量隊に随行した青木勝次郎《あおきかつじろう》が描いた忠敬の肖像画は、国宝である(カバー表参照)。

富岡八幡宮、佐原諏訪公園および生誕地九十九里の銅像は、いくぶんか厳しい顔つきである。一方、佐原の旧宅、佐原小学校にある銅像は、優しい笑顔である。また、笑顔のほうは丸顔だが、厳しいほうはやや面長である。肖像画をみると、真面目で几帳面といった雰囲気が伝わってくる。銅像や肖像画から、実直で几帳面、厳しさを持ち合わせた人物像が浮かび上がってくる。

市)の庄屋に生まれた。若くして算学《さんがく》を学び、暦法、天文、測量を学んで『加越能《かえつのう》三州郡分略絵図』を作成した。一八〇三(享和三)年八月三日、第四次測量途次の伊能忠敬をたずね、指導を受けた。

▼**久米通賢**　一七八〇～一八四一年。讃岐《さぬき》の生まれ。間重富に天文暦法を学んだ。高松藩の天文測量方となった。伊能忠敬の第六次測量では、案内をしたが「測量日記」には簡単な記載しかない。

▼**間宮林蔵**　一七七五～一八四四年。常陸《ひたち》国筑波《つくば》郡上平柳《かみひらやなぎ》村(茨城県つくばみらい市)に生まれる。蝦夷地・樺太の探検を行い、間宮海峡を発見したことは有名である。黒竜江《こくりゅうこう》をさかのぼり、『東韃《とうだつ》地方紀行』を著わした。伊能忠敬とは師弟関係にあり、測量術の指導を実地に受けている。伊能忠敬が間宮林蔵にあたえた序が残っている。

「測量日記」(一八〇〇〈寛政十二〉年七月二一～六日部分)

▼**『山島方位記』**　測量の目当てとし、位置を交会法により決定した山や島の方位の観測値を収録したデータ集である。伊能忠敬記念館に六七冊が所蔵され、国宝に指定されている。

測量は、現代においても丹念に測って記録し、正確に図化するという実直かつ几帳面な性格をもった人でないとつとまらない仕事である。忠敬は、測量家に必要な資質を十分に備えていた人なのであろう。「測量日記」や『山島《さんとう》方《ほう》位《い》記《き》』▲の丹念な記載振りからみても頷けるところである。

忠敬は、かなり厳格な人であったことも知られている。娘婿が商売で失敗すると離縁させ、それを拒んだ娘を勘当している。また、息子であり弟子でもあった伊能秀蔵も破門している。全国測量の最中には、天気であれば夜間も天測をする。そのため、測量作業中は、禁酒である。長い測量旅行のうちには、忠敬が病気になることもあり、そのときには、隊規が乱れ問題になることもあった。規律にはやかましい人であったようである。

忠敬は、信心深い人でもあった。科学者らしく合理的精神の持ち主で、迷信には耳を貸さない人であったが、道中の神社仏閣への参詣は欠かさず、「測量日記」にも寺社の記載が多い。江戸から測量行に出立するときは、富岡八幡宮に参拝し無事を祈った。寺社への参詣の際も門前まで測量し、地図には測線を残している。この辺りにも忠敬の人柄があらわれている。

▼家訓　「亥《い》九月廿一日」の日付があり、小島一仁によれば、一七九一(寛政三)年にあたるという[一九七八]。ノブと再婚後、津田氏に隠居を願い出たが許されず、その翌年に書いたとされる。

▼伊能景利　忠敬の妻ミチの祖父(八七ページ参照)。

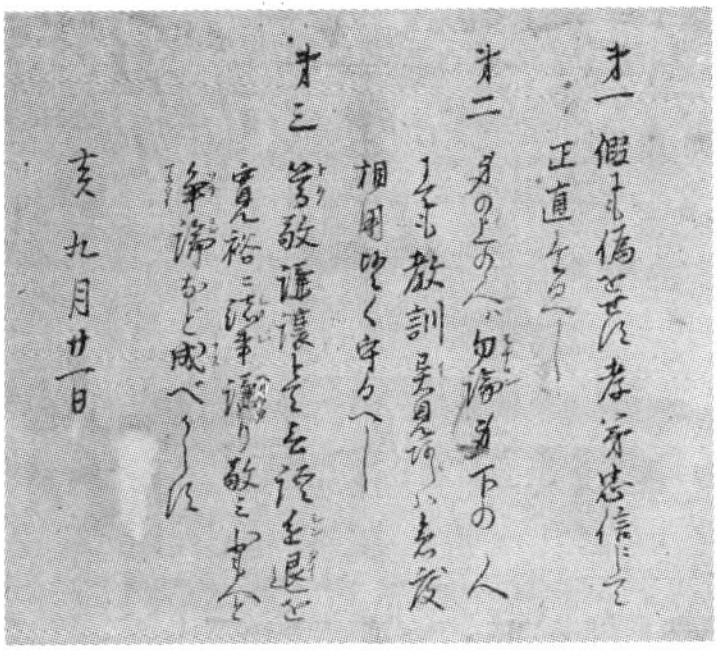

家訓書

忠敬は、裕福な資産家ではあったが、無駄な出費は戒めていた。しかし、けっして吝嗇《りんしょく》ではなかった。全国測量においても幕府からの下賜金はあったが、不足の分は、みずから負担し、その額は相当なものであった。忠敬は、隠居にあたって三カ条からなる簡潔な家訓《かくん》▲を書いている。すなわち、第一「假にも偽をせず孝弟忠信にして正直たるへし」、第二「身の上の人ハ勿論《モチロン》身下の人にても教訓異見あらハ急度相用堅く守るへし」、第三「篤《トク》敬謙譲とて言語進退《シンタイ》を寛裕ニ諸事《ショジ》謙《ヘリクタ》り敬ミ少も人と争論《ソウロン》《アラソイ》など成《ナス》べからず」(原文のまま)である。

小島一仁は、家訓について、第一は、「『産業を第一』と心がけた忠敬は損をすることを好まなかったが、特に、他人にごまかされ、偽られて損をすることを極端にきらい、うそをつき、不正なやり方で人に損をかける者を絶対に許さなかった」。第二は、「ここには、忠敬の、商人的な一種の合理主義の考え方が、はっきりとあらわされている」。第三は、「少し出どころがちがうようで、景利▲の影響ではないかと考えられる。景利のつくった記録の……冒頭に、『礼譲謙退を本とすべく候……』とある。忠敬は、おそらく、これをもとにして、『篤敬謙譲……』と記したのであろう」と解説している[一九七八]。

このように、忠敬の生き方の基本は、商人としての正直、度量、謙譲を旨とすることであったと思われる。それが、全国測量という類《たぐい》まれな事業を成就させたということではなかろうか。足かけ一七年にわたる全国測量のあいだ、さまざまなトラブルもあったが、それをやり遂げ、前人未踏の実測日本図を完成させたこと自体が、忠敬の経済力と人間力すなわち調整能力・合理的精神・指導力・統率力・忍耐力などが相乗的にうまく作用したことを示している。

忠敬は、けっして天才といわれるような人ではなかった。根気よく几帳面かつ真面目に物事に取り組み、生活態度も同様であったというのがおおかたの伊能忠敬研究者の一致した見方である。忠敬には、「愚直なまでの努力の人」という言葉がもっともあてはまる。

伊能忠敬の顕彰

忠敬は、一八一八年五月十七日(文政元年四月十三日)数え年七四歳で他界した。遺言により浅草《あさくさ》源空寺《げんくうじ》の高橋至時の墓のとなりにほうむられた。伊能家代々の墓所である佐原の観福寺《かんぷくじ》にも遺髪と爪がほうむられている。源空寺の墓には、

葛西昌丕建立「陸奥州気仙郡唐丹村測量之碑」(岩手県釜石市唐丹町)

▼**佐藤一斎**　一七七二～一八五九年。美濃《みの》国岩村《いわむら》藩出身。昌平坂学問所に学び、儒学の第一人者と目されていた。門弟六〇〇〇人といわれている。

▼**葛西昌丕**　一七六五～一八三六年。陸奥国唐丹村の生まれ。仙台で国学《こくがく》と天文学を学ぶ。

伊能忠敬測地遺功表(東京都港区芝)　戦前の遺功表には、「贈正四位伊能忠敬先生測地遺功表」の文字がきざまれていた。第二次世界大戦時に金属供出で撤去されてしまったが、戦後一九六五(昭和四十)年に石造遺功表(写真)が建てられた。

儒学者《じゅがくしゃ》佐藤一斎《さとういっさい》▲の碑銘が彫られている。そこには、忠敬が不屈の精神で測量に励んだこと、高橋至時に弟子入りして西洋の暦法を学び天文観測や測量の第一人者となったことなどが記されている。

忠敬についてその言行を記したものに、『旌門金鏡類録《せいもんきんきょうるいろく》』がある。これは、伊能家の事績を記したもので、忠敬の功績をとくに大きく取り上げている。忠敬の伝記は、これが下敷きになっているが、小島一仁は、かつて『旌門金鏡類録』が忠敬の作であるとされていたことの誤りを指摘し、家督を継いだ息子の景敬が編集したものであることを明らかにした〔一九七八〕。高橋景保の弟で天文方渋川家を継いだ渋川景佑は、一八二一(文政四)年に『東河《とうが》伊能翁伝』を撰述している。これは、渋川景佑がまとめた忠敬の言行録であり、忠敬の人となり、天文・測量における業績などを記述したものである。

一方、忠敬の業績を顕彰する碑が伊能測量隊が測量を行った多くの地に建てられている。陸奥国《むつのくに》気仙《けせん》郡唐丹《とうに》村(岩手県釜石《かまいし》市唐丹町)には、忠敬生存中に建てられた顕彰碑がある。一八〇一(享和《きょうわ》元)年の第二次測量では、三陸《さんりく》海岸を測量したが、そのとき立ち寄った唐丹村の葛西昌丕《かさいまさひろ》▲が一八一四(文化十一)年に建立したもので、忠敬の業績を記す「測量の碑」と「星座石《せいざいし》」がある。

明治以降には、一八八二(明治十五)年に佐野常民《さのつねたみ》▲が東京地学協会において講演を行い、忠敬の業績を佐藤一斎の碑文を引いて高く評価した。また、このことが佐原の地元からだされていた伊能忠敬贈位《ぞうい》の申請にも大きな力となり、一八八三(明治十六)年には、忠敬に対し正四位《しょうしい》の贈位が行われた。この贈位を記念し、一八八九(明治二十二)年には、東京の芝《しば》公園に青銅製の伊能忠敬遺功表が東京地学協会▲により建立された。

帝国学士院《ていこくがくしいん》▲においては、長岡半太郎《ながおかはんたろう》▲の指導により、大谷亮吉の大著『伊能忠敬』が一九一七(大正六)年に上梓された。大谷亮吉は、九年の歳月をかけ、伊能家にも調査に赴き、忠敬に関する記録を渉猟し、大著を完成させたが、その成果は、忠敬研究の嚆矢となるものであった。その後の忠敬研究にあたえた影響ははかりしれない。このような忠敬への顕彰は、その後の「伊能忠敬偉人伝」を確立し、戦前の皇民教育に利用され、ゆがんだ忠敬像がつくられることにもつながった。

▼**佐野常民**　一八二二〜一九〇二年。佐賀藩士。日本赤十字社を起こす。元老院《げんろういん》議員。大蔵卿《おおくらきょう》、農商務大臣などを歴任。長崎の海軍伝習所時代に伊能図が役に立ったことから、忠敬の顕彰にあたって率先して運動した。

▼**東京地学協会**　ヨーロッパにおける王立地理学協会を範として榎本武揚《えのもとたけあき》らにより一八七九(明治十二)年に設立された。間宮林蔵の顕彰も行っている。

▼**帝国学士院**　一八七九(明治十二)年に創設された東京学士会院に始まる。学術に顕著な功績のあった科学者を処遇するための機関。現在の日本学士院の前身である。

▼**長岡半太郎**　一八六五〜一九五〇年。長崎大村《おおむら》の生まれ。帝国大学理科大学を卒業し、東京帝国大学教授、大阪帝国大学総長、帝国学士院院長などを歴任した。

②一〇次にわたる全国測量

五〇歳を越えてからの測量行

忠敬は、一八〇〇(寛政《かんせい》十二)年から一六(文化《ぶんか》十三)年まで足かけ一七年にわたる全国測量を行った。伊能測量隊が歩いた距離は、四万三〇〇〇キロをはるかに超え、そのうち忠敬自身が歩いた距離は三万五〇〇〇キロに近い〔保柳睦美、一九七四〕。

江戸時代には、松尾芭蕉《まつおばしょう》▲・菅江真澄《すがえますみ》▲・古川古松軒《ふるかわこしょうけん》▲などいろいろな目的で旅をした人がいる。間宮林蔵《まみやりんぞう》・近藤重蔵《こんどうじゅうぞう》▲・最上徳内《もがみとくない》▲・松浦武四郎《まつうらたけしろう》▲なども蝦夷地《えぞち》を往復すること数回にわたり、相当の距離を歩いている。大名《だいみょう》も参勤交代《さんきんこうたい》したし、伊勢《いせ》参りもあった。修験者《しゅげんじゃ》など名もなき人びとも全国をまわったであろう。円空《えんくう》▲・木喰《もくじき》▲などの遊行僧《ゆぎょうそう》もいる。しかし、旅行の規模という点からみると、日本全国を広く歩いてまわった忠敬の右にでる人はいないのではないか。おそらく、忠敬は、近代交通機関の出現以前に、わが国において文字どおり全国津々浦々をめぐり、最長距離を踏破した旅行家であったといえる。

▼**松尾芭蕉**　一六四四～九四年。伊賀《いが》国の出身で漂泊の俳人。俳聖《はいせい》といわれている。『野ざらし紀行』『奥《おく》の細道《ほそみち》』などの紀行文が有名である。

▼**菅江真澄**　一七五四～一八二九年。三河《みかわ》国の出身。本草学《ほんぞうがく》や医学を学んだ。東北・蝦夷地を旅し、各地の民俗・風土に関する記録を残す。晩年は、秋田藩の世話になり、秋田の地誌を編纂する。著書に『菅江真澄遊覧記』がある。

▼**古川古松軒**　一七二六～一八〇七年。備中《びっちゅう》国の生まれ。幼少のときから地理を好み、各地を旅した。西国を修験者に身を窶《やつ》してまわったときの記録『西遊雑記《さいゆうざっき》』、幕府巡検使に随行して東国《とうごく》をまわったときの記録『東遊雑記』を著わした。

▼**近藤重蔵**　一七七一～一八二九年。江戸駒込《こまごめ》の生まれ。幕府役人として蝦夷地に赴き、一七九八

年択捉に「大日本恵土呂府《だいにほんえとろふ》」の木柱を建てる。書物奉行もつとめた。

▼**最上徳内**　一七五五〜一八三六年。出羽《でわ》国村山《むらやま》郡楯岡《たておか》村の生まれ。経世家《けいせいか》本多利明《ほんだとしあき》に学び、蝦夷地・千島《ちしま》・樺太《からふと》の探検・調査を行った。シーボルトとも親交があり、地図をあたえているが、シーボルト事件では連座をまぬがれている。

▼**松浦武四郎**　一八一八〜八八年。伊勢国一志《いちし》郡須川《すかわ》村の生まれ。幕末から明治にかけて蝦夷地・北海道の探検・調査を行い、「東西《とうざい》蝦夷山川地理取調図《えぞさんせんちりとりしらべず》」を作成した。北海道の名付け親である。

▼**円空**　一六三二〜九五年。美《み》濃《の》国の生まれ。蝦夷地まで渡り、生涯に一二万体の仏像を彫った。

▼**木喰**　一七一八〜一八一〇年。甲斐《かい》国の生まれ。四五歳のとき木食戒《かい》を受け、五六歳から廻国修《かいこくしゅ》行《ぎょう》を始めて全国をまわり、仏像を残した。

忠敬の全国測量を考えるとき、当時の学問・文化の状況を度外視してはその意義を考えることはできないであろう。徳川吉宗《とくがわよしむね》の時代に洋書輸入の禁が緩和され、蘭学《らんがく》興隆のきっかけをつくったことにより、天文学《てんもんがく》・医学などの分野にヨーロッパにおける最新の知識がはいってくるようになった。忠敬は、このような西洋からの天文学書・暦書《れきしょ》を手にいれ、佐原《さわら》時代から勉強していた。忠敬の蔵書は、医学・数学・天文学・測量・地理などの分野にわたって一〇〇〇冊以上が伊能忠敬記念館に保存されている［保柳睦美、一九七四］。現在のように書籍が大量に出版される時代と異なり、書籍は貴重なものであったにちがいない。筆写したものも多く、商売のかたわら日夜数学や暦学の勉強に励んでいたことをこのことからも知ることができる。

忠敬は、五〇歳まで商人として事業に励み、五〇歳以後に天文学・測量の勉強をして名をなしたというが、五〇歳になってから突然学問を始めたわけではない。それまでの蓄積が、高橋至時《たかはしよしとき》の門にはいることにつながり、全国測量を成功に導く元となったことを十分に理解すべきであろう。

測量の動機と外国の脅威

前述したように、忠敬は、そもそも子午線《しごせん》一度の長さを知りたかった。高橋至時にとっても地球の形と大きさを知ることは、天文学者として重要な関心事であった。忠敬に「もっと長い距離を測らねば精度のよい値はでない。少なくとも蝦夷地まで測らないとだめだ」といったのに対し、忠敬が熱意をもって是非測りたいと応じたので、高橋至時も忠敬にやらせようと考えたのであろう。しかし、当時は、自由に蝦夷地まで旅行できるわけではない。幕府《ばくふ》の許可がいる。そこで、蝦夷地の地図をつくることを目的として幕府の許可をえようとしたのである。

江戸時代の前半において、蝦夷地は、松前藩《まつまえはん》が支配し、幕府も松前藩にまかせていた。しかし、十八世紀半ばになると、ロシアの艦船が蝦夷地周辺に出没するようになる。一七七八(安永《あんえい》七)年には、ロシアの商人シャバーリンが根室《ねむろ》にあらわれ交易を松前藩に申し入れた。また、一七九二(寛政四)年には、アダム=ラクスマン▲がロシア皇帝エカチェリーナ二世の使節として伊勢の漂流民大《だい》黒屋光太夫《こくやこうだゆう》▲をともなって根室に到来し、翌年には、松前に来航して幕府に交易

▼**アダム=ラクスマン**　一七六六年〜?。漂流民大黒屋光太夫の境遇に同情し、帰国の実現に尽力した博物学者キリル=ラクスマン(一七三七〜九六年)の息子で軍人。

▼**大黒屋光太夫**　一七五一〜一八二八年。伊勢白子《しろこ》(三重県鈴鹿《すずか》市)の船頭で、白子から江戸に向かう廻船が、途中で暴風雨にあい、アリューシャン列島アムチトカ島に漂着した。イルクーツクにいたり、約一〇年のロシア滞在後、エカチェリーナ二世に謁見し、許されて帰国した。大黒屋光太夫が口述し、桂川《かつらがわ》甫周《ほしゅう》が編集した『北槎《ほくさ》聞略《ぶんりゃく》』がある。

を求めた。そして、蝦夷地の南岸の測量を行っていった。

さらに、一七九六(寛政八)年には、イギリス人ブロートン▲の率いる艦船が室《むろ》蘭《らん》にあらわれ、翌年には津軽《つがる》海峡を横断して蝦夷地の西岸を測量・調査した。このような蝦夷地をめぐる情勢に幕府は危機感をいだき、一七九八(寛政十)年には一八〇余人からなる幕府の蝦夷地調査隊が派遣された。このときには、近藤重蔵・最上徳内・村上島《むらかみしま》之允《のじょう》など蝦夷地の探検・調査に名を残した人びとも参加している。この調査の翌年、幕府は、東蝦夷地▲の上知《あげち》を松前藩に命じ、東蝦夷地は、幕府の直轄地となった。幕府は、東蝦夷地への物資輸送の直接航路を開くため、天文方《てんもんかた》属員堀田《ほった》仁《に》助《すけ》▲に外洋航路の開発を命じた。

このように、十八世紀の後半には、わが国北方におけるロシア・イギリス・フランスなどの進出が幕府には大きな危機感をもたらすこととなった。とくに、ブロートンが津軽海峡を通過して松前沖にまであらわれたことは、たいへんな脅威となり、蝦夷地経営の重要性を幕府に悟らせた。そのことが幕府の蝦夷地調査隊の派遣につながり、忠敬が蝦夷地の測量を行った一八〇〇(寛政十二)年のわずか一年前に堀田仁助による蝦夷地の測量が行われていたのである。

▼**ブロートン**　一七六二〜一八二一年。イギリスの航海者。日本北方を調査・測量し、二度にわたって室蘭に来航する。津軽海峡を越えたはじめての西洋人。

▼**東蝦夷地**　蝦夷地のうち、日本海およびオホーツク海沿岸の地を西蝦夷地と呼び、太平洋沿岸の地を東蝦夷地と呼んでいた。

▼**堀田仁助**　一七四七〜一八二九年。津和野《つわの》藩士であったが、一七八三(天明三)年幕府天文方の属員となった。一八二七(文政十)年津和野へ帰藩する。帰藩の際、藩主への土産として伊能図の写しを持ち帰った。

▼**猿留山道**　一七九九(寛政十一)年に幕府が開削した新道で、襟裳岬を避け、幌泉から猿留にぬける峠道である。

忠敬の測量が蝦夷地から始まったことも、単に高橋至時や忠敬の学問上の動機のみでなく、当時の北方をめぐる危機管理の一環であったことを十分に理解する必要がある。おそらく幕府は、堀田仁助の蝦夷地測量の結果には満足していなかったにちがいない。幕府の調査隊は、蝦夷地の経営についての認識をあらたにし、一七九九(寛政十一)年には、松前藩にその支配をまかせていた東蝦夷地を幕府直轄とした。幕府は、東蝦夷地から国後《くなしり》・択捉《えとろふ》まで近藤重蔵に命じて調査させ、択捉航路を開き、あらたな道路の開発や、会所《かいしょ》の整備などを行った。蝦夷三険《さんけん》といわれた猿留山道《さるるさんどう》▲・礼文華《れぶんげ》山道▲・雷電《らいでん》山道▲が開かれたのもこのときである。また、伊能測量後ではあるが、蝦夷地支配にかかる行政上の必要から、蝦夷三官寺《さんかんじ》▲が建立された。

当時の北方をめぐる情勢を踏まえて、高橋至時は、忠敬による蝦夷地測量を幕府に願い出たにちがいない。政治・社会情勢と学術的関心の両面から忠敬の測量は始まったといえるのである。

▼**礼文華山道**　長万部と虻田《あぶた》のあいだの礼文華峠を越える難所である。ここでは日本海と太平洋を分ける分水嶺が著しく太平洋側によっている。

▼**雷電山道**　寿都《すっつ》と岩内《いわない》のあいだの雷電海岸を避けて山を越す新道である。この地の伊能図は間宮林蔵のデータに基づく。伊能図の測線は海岸を通過して雷電岬をとおっている。間宮林蔵も雷電山道はとおらなかったようである。

▼**蝦夷三官寺**　有珠《うす》の善光寺《ぜんこうじ》・様似《さまに》の等澍院《とうじゅいん》・厚岸の国泰寺《こくたいじ》である。これらの三官寺のうち、国泰寺は大図に記載されている。忠敬の蝦夷地測量は一八〇〇(寛政十二)年であり、国泰寺の創建は〇四(文化元)年であるから、国泰寺は、間宮林蔵の測量記録に基づいて大図に記入したものであることがわかる。

幕府の対応

高橋至時を通じて願い出た蝦夷地測量の開始にあたっては、幕府とのあいだでさまざまな折衝が行われた。幕府は、堀田仁助の蝦夷地測量が海路により行われたこともあり、蝦夷地へは海路をとるようにと命じたが、子午線一度の距離を知ることが忠敬にとっては大事なことであり、海路では目的を達することができない。幕府からは、所持する測量器械の種類や数量、堀田仁助とは知己であるかなどとたずねられ、忠敬は、蝦夷地往復の途次にも天文測量を行って各地の緯度を測定することなどを説明し、陸路でいくことの必要性を縷々《るる》幕府目付《めつけ》蝦夷掛《がかり》▲の役人に説いている。その結果、馬や人足《にんそく》の入用をできるだけ少なくするために測量機器や日用品などを最小限にとどめ、陸路により蝦夷地測量を行うことが了承され、幕府から測量試みの御沙汰書《ごさたしょ》が忠敬に交付された。「測量日記」から、この間の折衝には、忠敬の継室ノブの父である仙台藩江戸詰《えどづめ》藩医《はんい》桑原隆朝《くわはらりゅうちょう》が幕府要路から情報をえて奔走していることがうかがわれる（以下「測量日記」からの引用はすべて「佐久間達夫、一九九八」による）。

御沙汰書には次のとおり書いてあった。忠敬の身分は、「高橋作左衛門《さくざえもん》弟子

▼**幕府目付蝦夷掛**　幕府目付蝦夷掛羽太庄左衛門《はぶとしょうざえもん》・松平信濃守《まつだいらしなののかみ》の屋敷に呼びだされ、縷々説明しているようすが「測量日記」には詳細に記されている「佐久間達夫、一九九八」。

▼**銀七匁五分**　忠敬に対する給付金であり、現在の貨幣価値でいえば、一万数千円程度であろうか。他の隊員の経費は、すべて忠敬の負担により業務を行った。

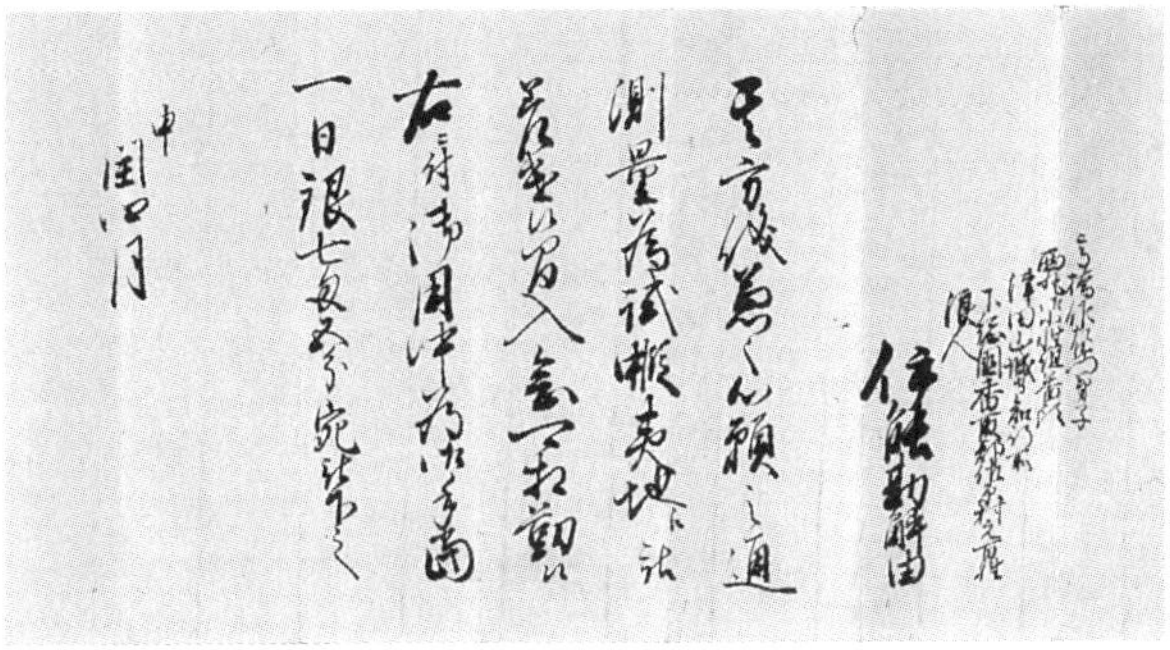
御沙汰書　伊能家に伝わっていたが、伊能忠敬記念館に寄贈された。

西丸《にしのまる》御小姓組番頭《ごこしょうぐみばんがしら》津田山城守《つだやましろのかみ》知行所《ちぎょうしょ》下総《しもうさ》国香取《かとり》郡佐原村元百姓《もとひゃくしょう》浪人伊能勘解由《かげゆ》」である。そして、「かねてから願上げのあった蝦夷地測量に試みに遣わすので入念につとめるように、手当を一日当り銀七匁《もんめ》五分《ぶ》▲くださる」というものであった。幕府は、測量の試行という位置付けで認めたわけである。幕府としては、高橋至時の推薦があったとはいえ、忠敬に確固たる経歴や業績があったわけでもなく、高齢であることもあり、その能力・力量について必ずしも信頼できない面があったのであろう。

このような折衝をへたのち、忠敬一行測量隊は、寛政十二年閏四月十九日(一八〇〇年六月十一日)蝦夷地測量に出立した。

第一次から第四次測量まで

忠敬の全国測量は、一八〇〇(寛政十二)年から一六(文化十三)年まで一〇次にわたって行われた。第一次の蝦夷地測量においては、出発がすでに六月(新暦)にはいり、時間的余裕がなかったため、奥州《おうしゅう》街道から三厩《みんまや》に達し、蝦夷地に渡って松前、箱館《はこだて》、ヲシヤマンヘ(長万部《おしゃまんべ》)、モロラン(室蘭)、ヒロー(広尾《ひろお》)、

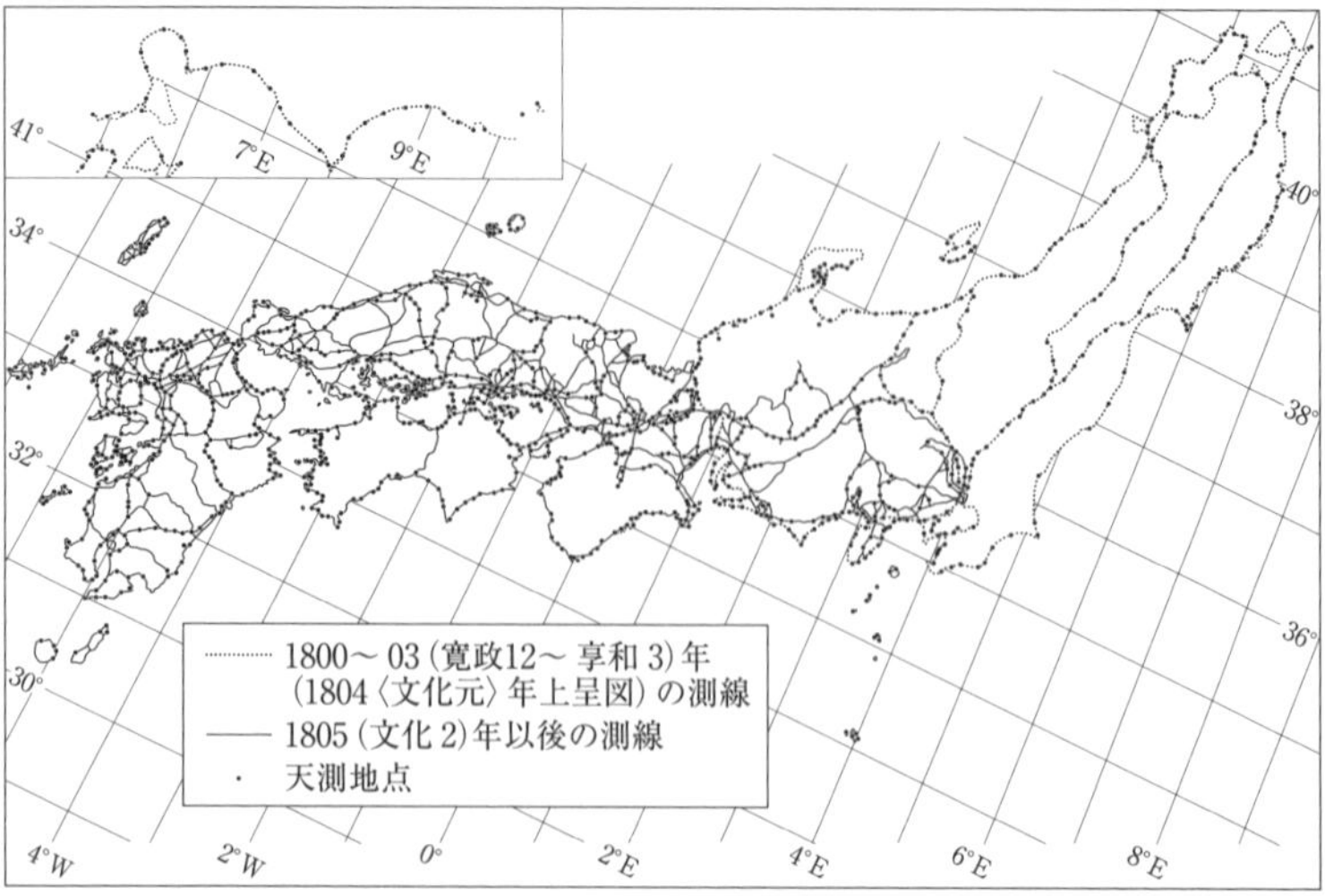

伊能測量路線図[保柳睦美, 1974]

伊能測量隊の構成　[保柳睦美, 1974]を簡略化して作成。

	測量作業担当	従僕など	人足	馬
第1次	弟子3	2	3	2
第2次	弟子4	1	2	1
第3次	弟子4	2	5	3
第4次	弟子5	2	5	3
第5次	弟子8　下役4　竿取2	6	7	6
第6次	弟子3　下役4　竿取2	6	7	7
第7次	弟子3　下役4　竿取2	8	8	7
第8次	弟子4　下役4　竿取2	9	5	7
第9次	弟子2　下役3　竿取1	5	?	?

伊能測量隊の行程

第1次	1800(寛政12)年閏4月～10月	奥州街道・蝦夷地
第2次	1801(享和元)年4月～12月	伊豆・三浦・房総・本州東海岸
第3次	1802(　　2)年6月～10月	会津・出羽・津軽・越後・信濃
第4次	1803(　　3)年2月～10月	駿河・尾張・北陸・佐渡
第5次	1805(文化2)年2月～06年11月	東海道・近畿・山陽・瀬戸内・山陰
第6次	1808(　　5)年1月～09年1月	淡路・四国・大和・伊勢
第7次	1809(　　6)年8月～11年5月	中山道・中国・九州・信濃・甲州街道
第8次	1811(　　8)年11月～14年5月	九州・中国・近畿・中部
第9次	1815(　　12)年4月～16年4月	伊豆・相模・武蔵・伊豆七島
第10次	1815(　　12)年2月～16年10月	江戸(予備調査を含む)

襟裳岬(伊能大図第二五号部分)

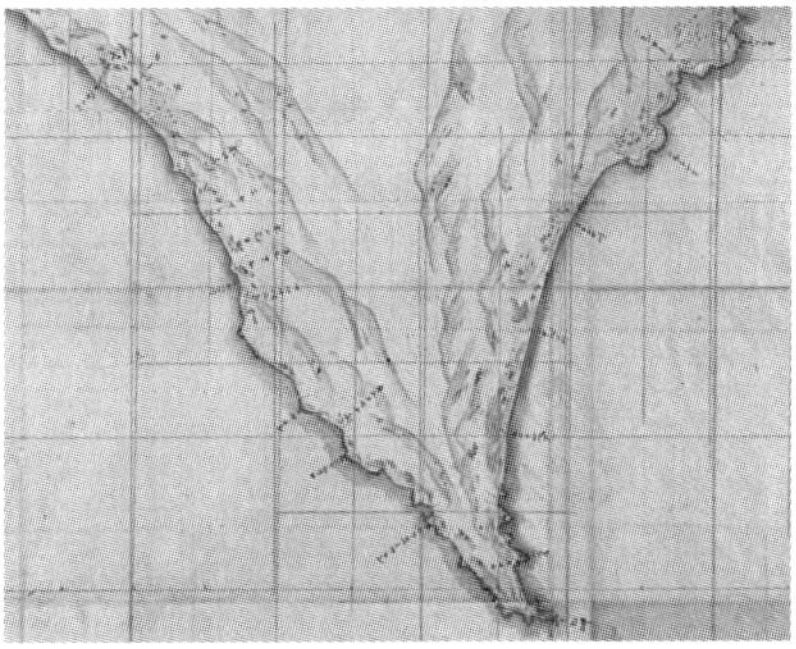

▼**測線**　導線法(四四ページ参照)による測量の軌跡。伊能図には必ず測線が描かれている。

ニシベツ伊能測量最東端記念柱

クスリ(釧路《くしろ》)、アッケシ(厚岸《あっけし》)と北海道南岸の海岸線を測量した。三厩から松前に渡るはずであったが、風の具合により船が吉岡《よしおか》に着いた。そのため、帰路に松前の城下《じょうか》まで測量し、三厩に渡っている。箱館から大沼《おおぬま》をとおって森《もり》にぬけたため、亀田《かめだ》半島は測量せずに終った。礼文華山道・猿留山道などを苦労して通過し、根釧《こんせん》原野の東に位置するニシベツ(西別。現、北海道別海《べっかい》町本別海)に到達し、天文測量を行って引き返した。

礼文華山道は、六月十日に越えており、「測量日記」にも、「霧深海辺三里ほど行て新道峠にかかる大難所なり」と記されている。七月四日には、猿留山道をとおった。伊能図には、襟裳《えりも》岬をまわる測線《そくせん》▲が描かれているが、伊能測量隊は襟裳岬を通過していないので、間宮林蔵の測量データに基づいて描かれた測線である。なぜか、伊能測量隊が測量した猿留山道の測線は伊能図には描かれていない。襟裳岬を越える測量は難儀をきわめたようで、幌泉《ほろいずみ》に着いたときは、「測量日記」に「そうりもことごとく切れ破れ素足になり甚だ困窮の所迎提灯にあいしは、俗語にいいる、地獄に仏ともいうべし」と書いている。

厚岸から西別のあいだを測量することはできなかった。したがって、蝦夷地

「蝦夷地実測図」第三（大図）　室蘭付近。

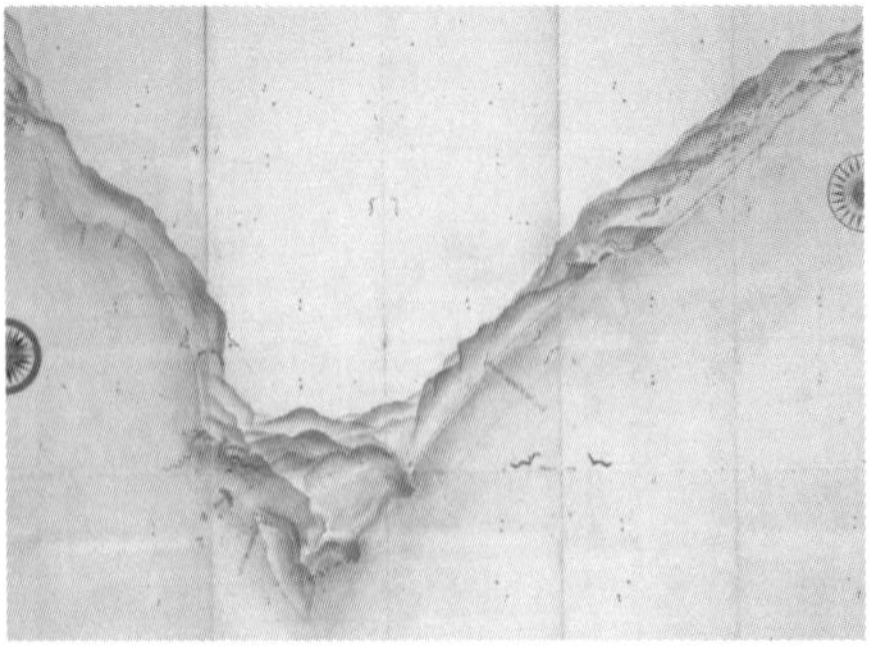

▼第一次測量の成果をまとめた地図　このとき提出した地図にもっとも近いと考えられる大図が「蝦夷地実測図」と呼ばれ、東京国立博物館に所蔵されている。浅草《あさくさ》文庫の朱印《しゅいん》がある。

の地図は、松前から厚岸までの測線は、伊能測量隊の測量によるが、その他は、間宮林蔵による測量成果に基づくものである。松前・厚岸間においても、襟裳岬のように、伊能測量隊は岬ではなく山越えをしている場合もあり、間宮林蔵の測量のデータが相当程度利用されているものと考えてよい。

第一次測量の成果をまとめた地図▲を幕府に提出したところ、その出来栄えに感心した幕府は、引き続き忠敬に測量を行わせることとした。忠敬は、第一次測量において蝦夷地南半しか測量できなかったため、不十分な結果であることを自覚しており、西蝦夷地やクナシリ・エトロフの測量を行いたかった。房総《ぼうそう》半島から東日本の海岸を測量し、西蝦夷地からクナシリ・エトロフ・ウルップに渡り、月食を観測してこれらの島の位置を明確にすることを計画した。忠敬は、桑原隆朝・高橋至時と相談し、この計画により江戸からこれらの島への海路の委細も明らかになるとして、ふたたび蝦夷地の測量を行いたい旨を、幕府に願い上げたのである。

しかし、この蝦夷地測量は許可されず、伊豆《いず》半島の測量と房総半島から東日本海岸の測量を命じられた。この間の幕府との折衝について、「測量日記」には、再度の蝦夷地測量について忠敬の意欲と必要性が書かれ、これを支援するため、佐原村などからの箱訴《はこそ》▲により、「勘解由（忠敬）と息子の三郎右衛門《さぶろうえもん》（景敬《かげたか》）の行い正しきをもって幕府から永代苗字《えいたいみょうじ》の名乗りと一身帯刀御免《たいとうごめん》のほか褒美《ほうび》がでた」こと、伊豆・東日本の海岸の測量を命じられたことが記されている。しかし、なぜ蝦夷地測量が認められなかったのか、その理由は明らかではない。高橋至時から幕府への申立書には、蝦夷地における人馬の手当がむずかしいと書かれている。幕府の蝦夷地経営には多くの困難があったのであろう。

　第二次測量において、伊豆半島の測量が付け加えられたのは、江戸周辺の海防の重要性を幕府が認識していたことを示している。房総半島と本州東岸の測量もこのことを十分に踏まえていたものと考えられる。伊能測量の動機は、子午線一度の距離ではあったが、「測量日記」にクナシリ・エトロフ・ウルップの江戸からの位置を知ることなどを述べていることからみても、忠敬や高橋至時も北方の脅威、蝦夷地経営と海防の重要性を十分に認識していたと思われる。伊能大図には、岩手県の綾里《りょうり》付近に「唐船番処《とうせんばんしょ》」という注記がみられ、その位置を測量している。

▼箱訴　幕府評定所《ひょうじょうしょ》腰掛前に設置された訴状箱に訴えを投入した。この訴えは、忠敬を表彰するものであったから、通常の理非曲直を明らかにするためのものとは異なっている。蝦夷地測量が円滑に認可されるよう、佐原村から幕府に表彰を働きかけたということである。実際に箱訴のため宿泊費などの経費を伊能家当主の景敬が負担している。

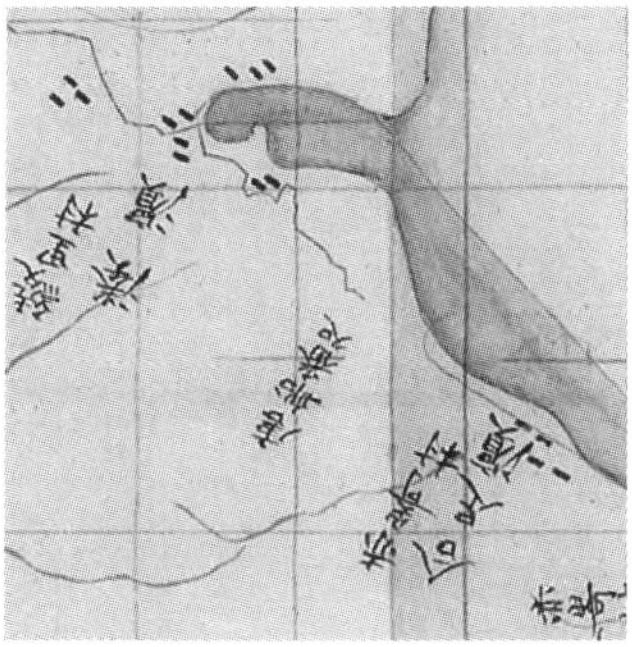

岩手県綾里付近（伊能大図第四七号部分）

▼**リアス海岸**　陸上での侵蝕による谷地形が沈水して形成された樹枝状の複雑な海岸線をなす海岸。

第二次測量では、幕府からの手当は、銀一〇匁で若干の増額があり、現地での人足や馬の便宜供与に改善がみられたが、依然として、幕府が認めた測量の域はでず、いわば幕府の補助事業であった。したがって、測量隊の構成員も忠敬の弟子という資格で参加しているにすぎず、その人数も限定されたものだった。第一次から第四次までの測量は、その体制も必ずしも十分なものではなかったのである。結局、第二次測量では、伊豆半島、房総半島、本州東海岸を測量して下北《しもきた》半島をまわり、津軽半島の三厩まで達して帰路は奥州街道を戻った。

この測量では、三陸《さんりく》沿岸の測量に苦労した。三陸沿岸は、リアス海岸▲で断崖絶壁が続き、海岸線の測量を直接行うことができず、海中を舟で縄を渡して測る海中引縄《かいちゅうひきなわ》によったり、舟からの遠望などにより海岸線を測っている。そのため、作成された地図も精度はよくない。同じリアス海岸でも、対馬《つしま》や佐世保《させぼ》付近の海岸が細かく測量されているのに比べると、西日本測量と東日本測量の測量態勢の違いがあらわれている。

第二次測量の成果は、幕府にとって重要な地域を測量し図化したものであったため、評価をさらに高めたものと思われる。その結果、第三次測量では、手当がさらに増額され、人馬を無賃で使うことが認められた。奥州街道から陸羽《りくう》街道を通過し、津軽半島をまわって、日本海にそって直江津《なおえつ》まで南下し、長野にでて中山道《なかせんどう》をとおって江戸へ戻った。

第四次測量は、東海道《とうかいどう》を名古屋《なごや》にでてのち、関ヶ原《せきがはら》から敦賀《つるが》、福井、金沢《かなざわ》をまわり、能登《のと》半島、越後《えちご》の海岸と佐渡《さど》を測量してから三国《みくに》街道、中山道をとおり江戸に戻った。第四次測量では、はしかの流行、糸魚川《いといがわ》藩とのトラブル▲などもあったが、終了後、それまでの測量成果をまとめた地図▲を作成し、一八〇四(文化元)年に天文方から幕府に提出した。

第四次測量終了後、師の高橋至時が死去するという忠敬にとってはたいへんな痛恨事があった。高橋至時は、『ラランデ暦書』の翻訳を命ぜられ、オランダ語が不得意であったにもかかわらず身命を賭してその抄訳『ラランデ暦書管見』を完成し、そのなかで、忠敬が算出した子午線一度の長さ二八・二里が『ラランデ暦書』における値と一致して、師弟ともに喜び合ったばかりであった。

▼糸魚川藩とのトラブル　糸魚川では、姫川《ひめかわ》の渡河測量の可否をめぐって藩の役人と行き違いが生じ、江戸表《おもて》にも伝わり、高橋至時が訓戒状をだした。訓戒状とともに内書があり、そのなかで高橋至時は、「天下の暦学者が地図の完成を待ち望んでおり、あなたの英明が後世に残る仕事である。あなたの一身が暦学の盛衰に係るものであり、これだけの大事業が小事のために中絶となってはまことに残念である」と述べており、大事な日本地図完成のためには、小事にかかずらって大事をすてることとならないようにと諭している。

▼それまでの測量成果をまとめた地図　第四次までの測量の成果をまとめて幕府に提出した地図は焼失した。伊能家の控図を整理した大図六九図幅、中図三図幅、小図一図幅が伊能忠敬記念館に所蔵され、国宝に指定されている。

▼徳川家斉　一七七三〜一八四一年。第十一代将軍。『徳川実紀《じっき》』には、将軍が地図を閲覧したことが記録されている。

▼幕臣　小普請組に編入され、一〇人扶持《ぶち》を給された。天文方高橋景保手付手伝《てつけてつだい》が役目である。

第五次から第十次測量まで

第四次までの測量成果をまとめた地図は、一八〇四年十月九日（文化元年九月六日）に江戸城の大広間に広げられ、老中《ろうじゅう》・若年寄《わかどしより》など幕閣が居並ぶなか将軍家斉《いえなり》▲の上覧《じょうらん》があって、高く評価された。そのため、忠敬は、改めて西国測量の命を受けることとなった。「元百姓浪人」から幕臣《ばくしん》▲に取り立てられ、全国測量は、幕府の直轄事業となったわけである。

西日本の測量について、高橋至時は、当初間重富《はざましげとみ》を起用することを考えていた。間重富とは、麻田剛立《あさだごうりゅう》門下でともに学んだ仲であり、忠敬より若く、忠敬の老齢を考えると間重富が担当するほうが安全かつ効率的であると考えたのであろう。しかし、高橋至時がなくなってしまい、家督を継いで天文方となった息子の景保《かげやす》はまだ若く、その後見《こうけん》を間重富がつとめることとなり、引き続き忠敬が西国測量を行うこととなった。大谷亮吉《おおたにりょうきち》によると、一八〇一、〇二（享和《きょうわ》二、三）年のころ、幕府は主要街道について、忠敬、間重富以外の別人をもって測量させる計画があったとされている［一九一七］。高橋至時が間重富に宛てた手紙のなかにそのことに関する記述があるという。別人が誰であり、こ

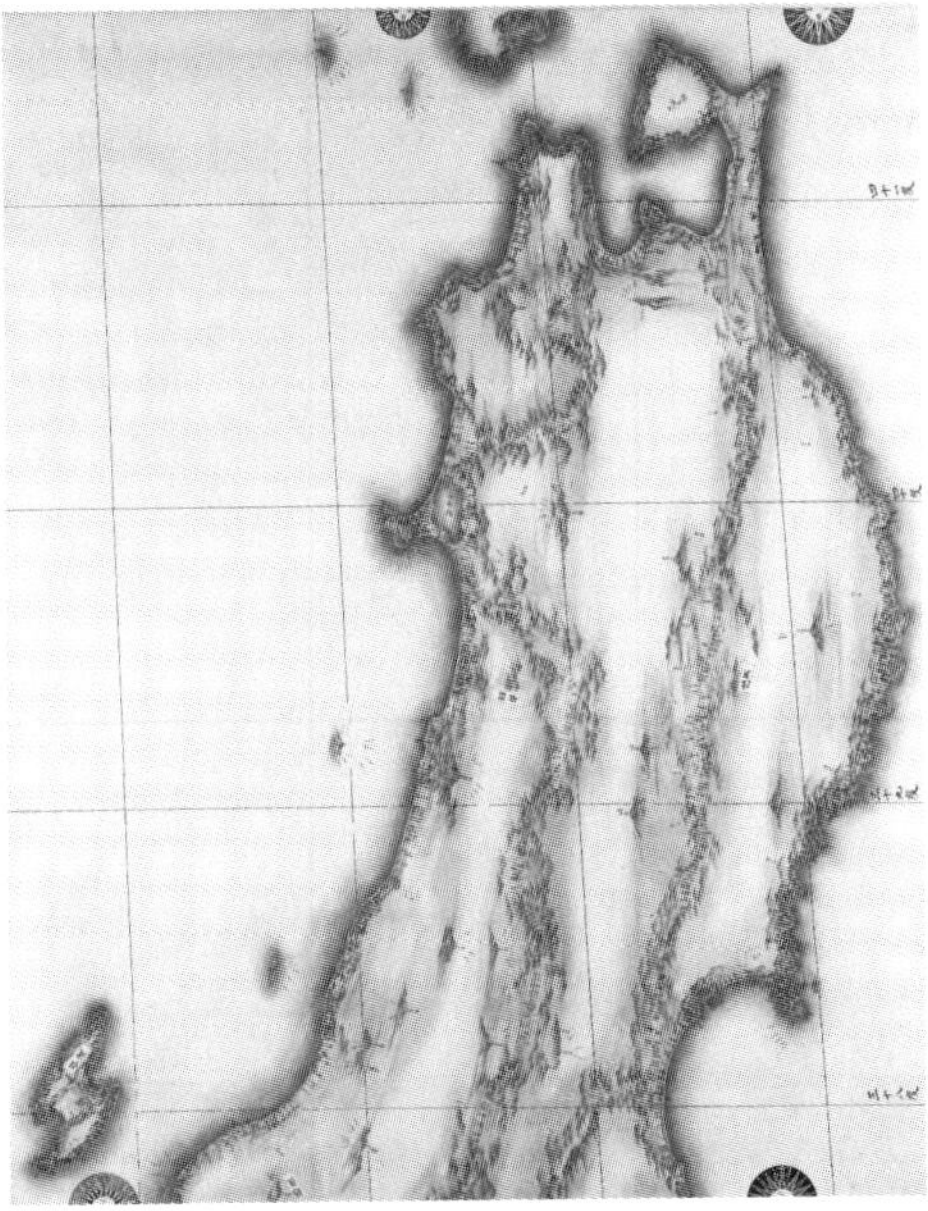

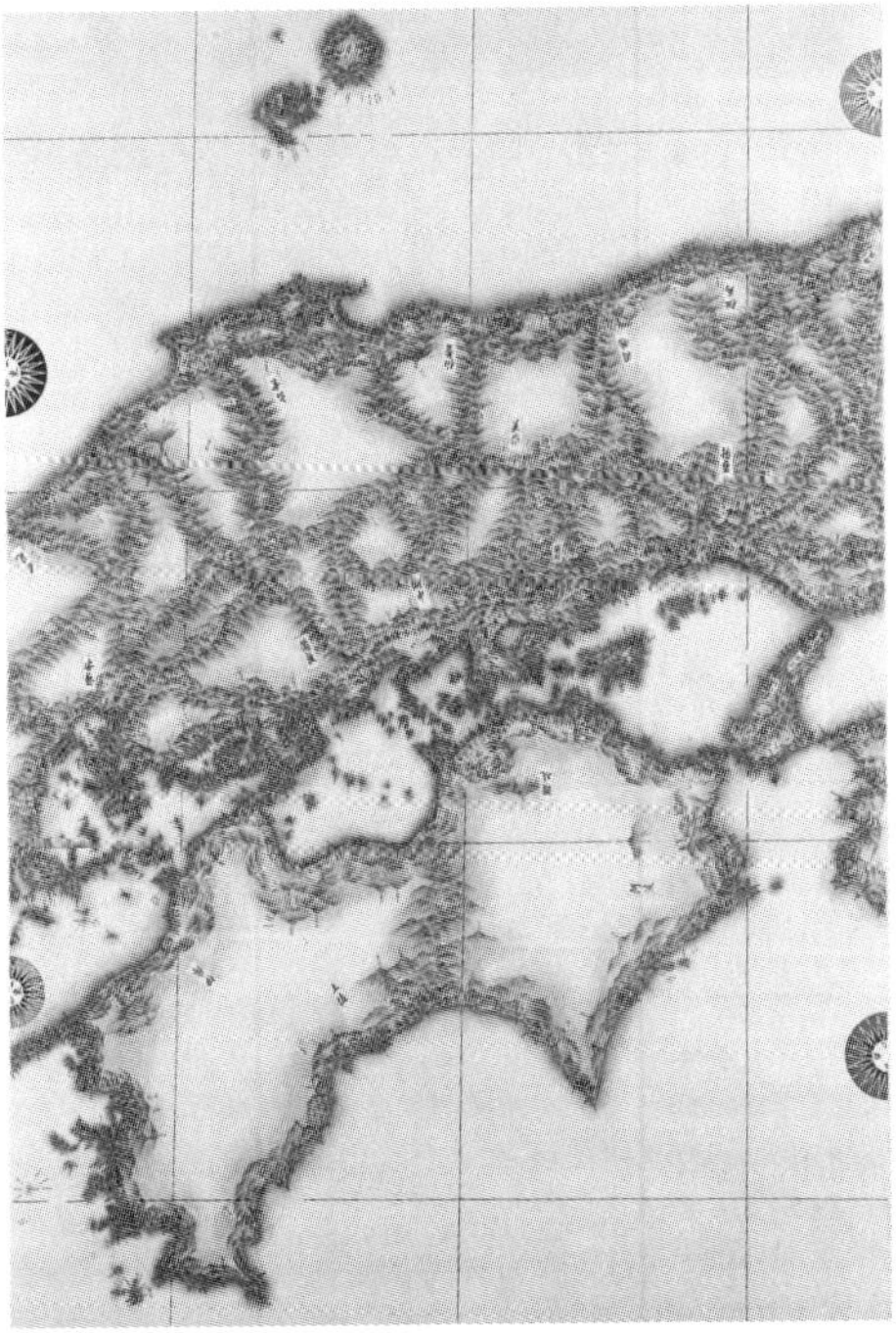

「**日本沿海輿地図**」(中図)　東北(上)と中国・四国。

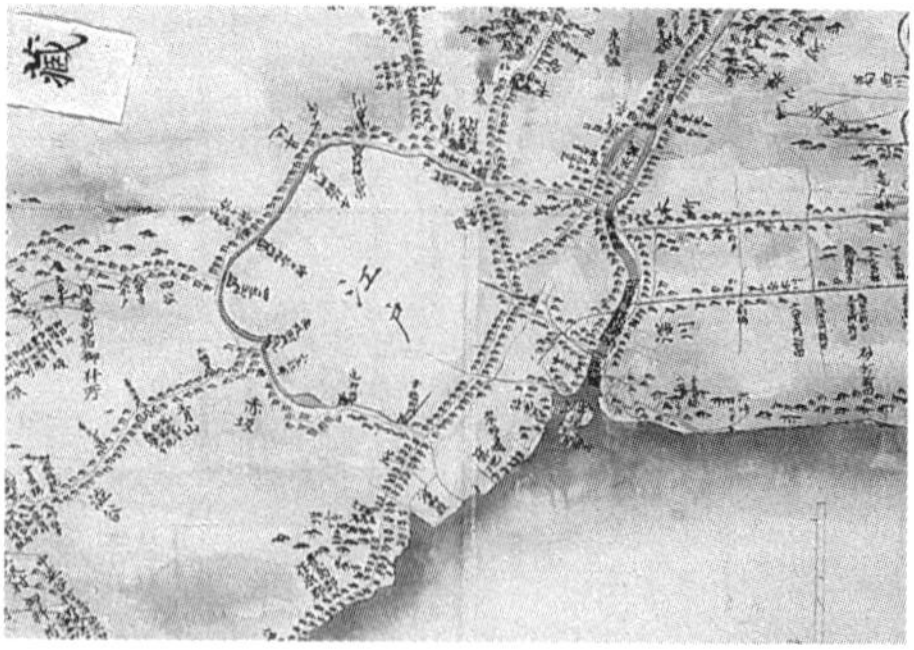

江戸（伊能大図第九〇号部分）　江戸城の周囲を測量し、各街道、測線をつなげた。

▼**同時並行の測量**　「手分け」といい、第四次測量以前にも行われたが、第五次測量以降、坂部貞兵衛（四二ページ参照）を支隊長として本格的に行われるようになる。

の計画がその後どうなったのか不明である。

第一次から第四次までの測量と第五次以降の測量とを比べると、その態勢には格段の違いがある。測量隊の人員をみると、忠敬の内弟子のほか、天文方の下役がつくことになった。また、幕府からは、忠敬のみでなく内弟子にも手当がでるようになった。諸藩には老中からの通達もでた。測量作業における作業人足の確保や、旅宿の手配など第四次までに比べ測量隊の待遇は大きく向上し、測量隊を分けて本隊と支隊で同時並行の測量▲を行うなど、測量の作業効率は高まった。伊能図を一見すると、東日本と西日本では測線の密度に大きな差があることがわかる（前ページ参照）。これは、第一次から第四次までと第五次以降の測量態勢の違いによるのである。

第一次から第四次までの測量では、年内に測量をおえて江戸に戻ってきたが、第五次以降は、一回の測量が長期にわたり、出張先において越年している。当初、西日本測量は三年で完了すると考えていたが、実際には、一〇年を要した。第五次測量では、東海道から紀伊《きい》半島をまわり、大坂から京都にでて近江《おうみ》をめぐって琵琶湖《びわこ》を測量し、山陽道《さんようどう》を下関《しものせき》まで測量した。この間瀬戸内海の島々を

▼**隠岐**　山陰の測量では、忠敬は病気となり、隠岐に渡ることはできなかった。

阿蘇（「九州沿海図」第二〇部分）
阿蘇の高岳《たかだけ》が噴煙をあげている。

測量している。下関から山陰《さんいん》をまわり、隠岐《おき》▲に渡ってのち敦賀まで日本海にそって測量し、ふたたび近江にでて東海道を江戸に戻った。

第六次測量では、東海道を大坂、神戸《こうべ》までいき淡路島《あわじしま》に渡っている。淡路島を測量してのち鳴門《なると》に渡り、徳島、高知、足摺《あしずり》岬、宇和島《うわじま》、松山《まつやま》、高松《たかまつ》と四国を一周し、淡路島を経由して大坂に戻り、奈良・吉野《よしの》など大和《やまと》地方をめぐって伊勢にでて江戸に戻っている。この間、小豆島《しょうどしま》を含む瀬戸内海の島々の測量のほか、高知と川之江《かわのえ》を結ぶ四国を横断する測線も測量している。

九州は、一回の測量行では完結できなかった。第七次測量においては、中山道をとおって関ヶ原から淀《よど》、神戸を経由し、山陽道をとおって小倉《こくら》に達している。東九州の海岸を南にくだり、大分、宮崎などを通過して日南《にちなん》海岸、大隅《おおすみ》半島をめぐったのち、薩摩《さつま》半島をまわって西海岸を甑島《こしきじま》や天草《あまくさ》の測量も行いつつ熊本までいき、阿蘇《あそ》をとおって大分に戻っている。さらに、下関から山口、萩《はぎ》、三次《みよし》、新見《にいみ》など内陸部の測量も行い、名古屋から足助《あすけ》などもまわり、伊那谷《いなだに》にぬけ、甲州《こうしゅう》街道をとおって江戸に戻っている。このときには、種子島《たねがしま》、屋久《やく》島《しま》に渡海できなかったため、九州測量は二回に分けて行われることとなった。

第八次測量（第二次九州測量）においては、大山《おおやま》から富士山麓をとおり甲府《こうふ》にぬけ、富士川にそってくだったのち、東海道から山陽道をとおり小倉に到着している。筑豊《ちくほう》をとおり、熊本から鹿児島にいたり、屋久島、種子島▲の順に測量し、その後、霧島《きりしま》から佐土原《さどわら》、美々津《みみつ》とまわり、九州山地を横断して英彦山《ひこさん》をとおり、小倉に戻った。それから、博多《はかた》、唐津《からつ》、佐賀、久留米《くるめ》などをまわり、有明海《ありあけかい》北岸を測量して、島原《しまばら》半島、大村《おおむら》、佐世保、平戸《ひらど》を通過し、壱岐《いき》、対馬、五島《ごとう》に渡った。島から戻り、長崎の測量を行ったのち、小倉に戻り、広島、岡山、京都、伊賀上野《いがうえの》、岐阜、高山《たかやま》、長野を経由して中山道をとおり、最後に川《かわ》越《ごえ》にでて江戸に帰着した。中国・近畿地方では、松江《まつえ》、倉吉《くらよし》、津山《つやま》、和田山《わだやま》、宮津《みやづ》の周辺など内陸の測量も縦横に行っている。また、対馬では、朝鮮半島の山々の位置も交会法《こうかいほう》により測量している。これにより、日本列島の位置を大陸との関係において示したといえる。一八一一（文化八）年十一月から一四（同十一）年五月まで約二年半にわたる長い測量行であった。

後半の測量では、忠敬の病気による隊規の乱れ▲、副隊長格の坂部貞兵衛《さかべていべえ》▲が五島でなくなるなど忠敬の頭を悩ませ、悲嘆に暮れる出来事もあった。歳月とと

▼屋久島・種子島　屋久島・種子島の測量では薩摩藩が八艘からなる船団をくみ協力した。

▼隊規の乱れ　第五次測量では、山陰測量の途中で忠敬が病気になり、三カ月にわたって病床に臥した。この間隊規が乱れ、若年寄堀《ほっ》田《た》摂津守《せっつのかみ》正敦《まさあつ》の意を受けた高橋景保が戒告状を発している。忠敬は、弟子の平山郡蔵《ひらやまぐんぞう》と小坂寛平《こさかかんぺい》を破門した。

▼坂部貞兵衛　一七七一～一八一三年。天文方下役で伊能測量隊の副隊長格であったが、五島の日《ひ》之島《のしま》で病をえて福江《ふくえ》で療養したが回復せず客死した。五島藩はこれを悼み三日間歌舞音曲《かぶおんぎょく》を禁止した。忠敬は、坂部貞兵衛を深く信頼していたのでその落胆ぶりは大きかったといわれている。

もに加齢による体力の衰えもあり、長い測量行のなかで隊を統率し、指揮・監督する忠敬の苦労は並大抵ではなかったものと思われる。

　第九次測量では、主として伊豆七島▲を測量したのち、伊豆半島から富士山麓、箱根《はこね》を測量し、厚木《あつぎ》から拝島《はいじま》、東松山《ひがしまつやま》、熊谷《くまがや》をまわって江戸に戻っている。このとき忠敬は、七〇歳を超え、周囲の勧めもあって参加しなかった。したがって、伊豆七島測量は、天文方下役を中心に行われた。離島の測量は渡航に困難をきわめ、漂流▲したこともあった。

　第十次測量は、江戸府内の測量▲で、これにより、それまでに測量した測線を連結することができた。江戸府内測量は、忠敬もときどきは作業にでたようだが、大部分は弟子たちにより行われた。

　忠敬は、東日本の測量が西日本に比べあらいため、関東東部の測量を幕府に要望したが、それは認められず、江戸を測量せよということになった。忠敬は、孫の忠誨《ただのり》▲に測量の教育をほどこしており、あとを継いで関東の測量を引き続き行うことを望んでいたといわれている。しかし、残念ながら、忠誨は、忠敬の死後ほどなくして二一歳の若さでなくなっている。

▼伊豆七島　大島《おおしま》、利島《としま》、新島《にいじま》、神津島《こうづしま》、三宅島《みやけじま》、御蔵島《みくらじま》、八丈《はちじょう》島《じま》のほか、式根島《しきねじま》、八丈小島に渡り測量している。青ケ島《あおがしま》は、八丈島から遠測し、大図を作成している。

▼漂流　八丈島から三宅島に渡ったときには、四日間漂流して三崎《みさき》に漂着し、改めて三宅島に渡った。

▼江戸府内の測量　「江戸府内図」という縮尺六〇〇〇分の一の地図にまとめられている。

▼伊能忠誨　一八〇六〜二七年。忠敬の後継者として嘱望され、高橋景保に入門し、天文方の助手として星図《せいず》を作成した。「大日本沿海輿地全図」を上呈したときには、忠誨は、忠敬の功績により、永代帯刀を許され、江戸屋敷を賜った。

伊能忠敬の測量技術

忠敬の測量手法は、現在の測量技術の体系では、導線法《どうせんほう》▲、交会法▲と呼ばれる初歩的な手法であり、当時すでに知られていた技術でなんら新しい手法ではない。しかし、忠敬は、「方位盤」や「象限儀《しょうげんぎ》」といった当時知られていた測量器具にさまざまな工夫を凝らし、特別に注文して精度の確保に意を配った。伊能測量は、海岸線や街道にそってその屈曲を短い直線で近似してその直線の長さと方位角を測定していくのである。したがって、後述する伊能図に描かれている測線は、よくみると折れ線になっている。

このように長さと角度を測る導線法は、進むに従い誤差が累積する。これを防ぐため、忠敬は、交会法により山の頂や城の屋根など一点とみなせる顕著な地物を多数の地点から見通し、その方位角を測り誤差の累積を防いだ。また、横切《よこぎり》測量と称して、測線と測線を結ぶ測線を設けたり、環状の測線を設けて出発地点に戻ったり、誤差を減らすためのさまざまな工夫をした。また、特筆すべきは、天文観測を徹底的に行ったことである。天気さえよければ、毎日のように夜間の天文観測を行い、恒星の出地度数（仰角《ぎょうかく》）を測り、緯度の算出を行っ

▼**導線法**　測器を設置した地点から測標を見通して測標の方位角および距離を測り、つぎに測標に測器を移動して次の測標の方位角および距離を測る。これを繰り返していく測量。一般に測量を進めるにつれ誤差が累積する。

▼**交会法**　測器を設置する多数の地点から測標を見通し、その方位角を測る。誤差がなければ、多数の地点と測標を結ぶ方位線は、測標の位置を示す一点で交わるはずである。このことを利用し、導線法の誤差点検に利用した。また、山頂や城郭の位置を決めるために用いられた。

▼**量程車**　車の回転により距離を測る器械。古くから知られていたが、高橋至時が作成したものを忠敬は携行した。西日本測量では用いていない。

▼**間棹・間縄・鉄鎖**　間棹は、年数をへた檜《ひのき》材の両端に真鍮帽《しんちゅうぼう》をかぶせたもので、実際の測定より間縄の検定に用いたのではないかという。間縄は、渋《しぶ》を引いた苧《ちょ》麻《ま》製の縄や竹製のもの、鯨《くじら》の髭《ひげ》でつくったもの、藤縄などを用いたようである。間縄は伸縮による調整がむずかしかった。竹製のものや鯨の髭が伸縮がなくよかったといわれている。針金を鎖のようにつないで用いたところもっとも伸縮がなくよかったともいっている。鉄鎖にしてもつなぎ目のところで伸び縮みがでることがわかり、その検定と調整に苦労したようである［大谷亮吉、一九一七］。

▼**歩幅**　忠敬の歩幅は、六九・二センチであった。

た。さらに、日食や月食、木星の凌犯《りょうはん》（木星の衛星による食）を観測した。これは経度を算出するためであったが、「垂揺球儀《すいようきゅうぎ》」という時計を用いて時間を計ることがむずかしく、天候にも左右され、成功しなかった。そのため、伊能図の精度は、緯度に比べ経度方向に問題があり、北海道や九州では東西のずれが大きい。

測量は、誤差との闘いである。現代の電子技術を用いた測量においても、気象条件などさまざまな要因により、測るたびに異なる数値がえられるのが測量である。このため、測量では、一定の条件のもとで観測や測定をできるだけ数多く行い、その結果えられた数値を平均することで誤差の縮小を図る。忠敬の測量は、このような測量の基本を徹底して行ったことが特徴であり、優れた地図を作成できた鍵である。天文観測においても多数の星の高度を測り、識別容易な山頂を多数の方向から見通した。一回の見通しでも複数回測り平均するなど労を惜しまず作業を行っている。

このような測量では、距離を測るために「量程車《りょうていしゃ》」▲「間棹《けんざお》」▲「間縄《けんなわ》」「鉄鎖《てっさ》」▲を用いた。また、蝦夷地の測量では、測量期間の制約から歩幅▲を基準にして歩測で測

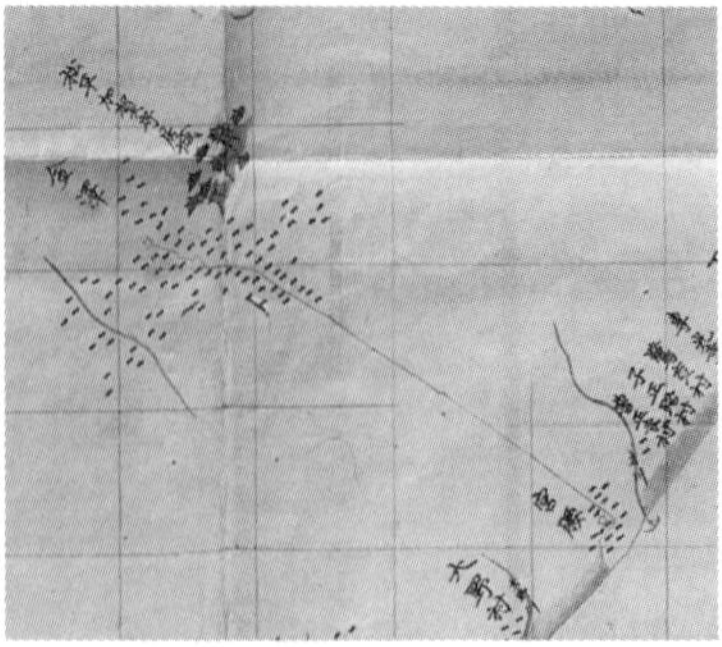

金沢（伊能大図第八六号部分）　宮腰から金沢まで測線が直線となっている。

った。「量程車」は、高橋至時が作成したものだが、当時の道路では誤差が大きくあまり使い物にならなかった。高橋至時に「量程車」を送ってもらったことなどが「測量日記」にでている。名古屋や金沢の城下、一部の街道では「量程車」を使ったことが「測量日記」に記されている。これは、大藩の城下では、「間縄」などを使って測る作業がはばかられたからである。実際に加賀《かが》藩は、伊能測量に協力的ではなかった。村名などをたずねても幕府から命じられた協力事項にないと返答しなかったといわれている。伊能図には、海岸の宮腰《みやこし》から金沢城下まで、測線が直線で描かれており、村名の記載がない。忠敬が使用した「量程車」は現存しており、千葉県香取市佐原の伊能忠敬記念館に所蔵され、国宝に指定されている。

忠敬が歩測により測量したという話は、井上ひさしの小説『四千万歩の男』で有名な逸話になっているが、実際に歩測によったのは第一次の蝦夷地測量であり、その後はほとんど用いていない。「間棹」「間縄」「鉄鎖」を通常は使用している。忠敬が使用した「鉄鎖」や「間縄」は現存していない。

方位角を測るのに、つねに用いられた「小方位盤」は、彎窠羅針《わんからしん》または杖先《つえさき》羅

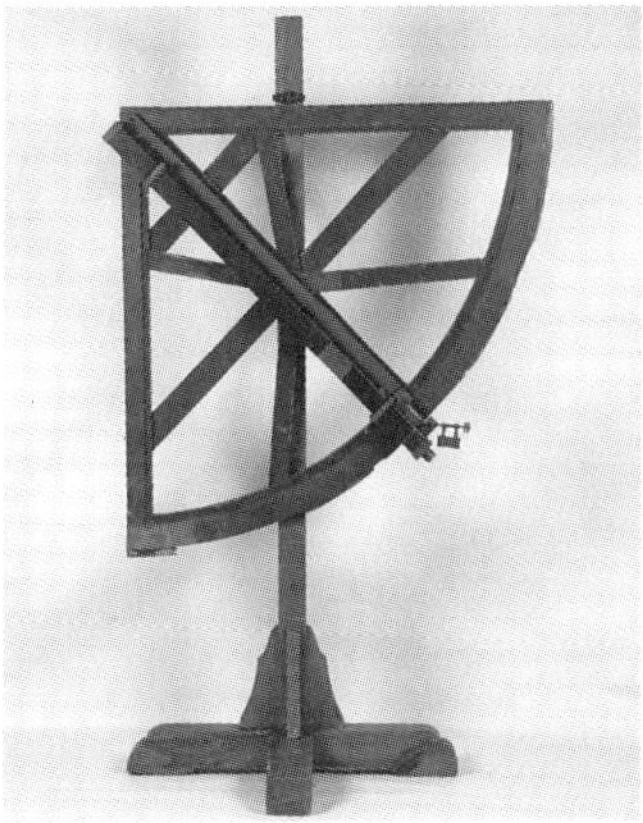

中象限儀

小方位盤(彎窠羅針)

量程車

半円方位盤

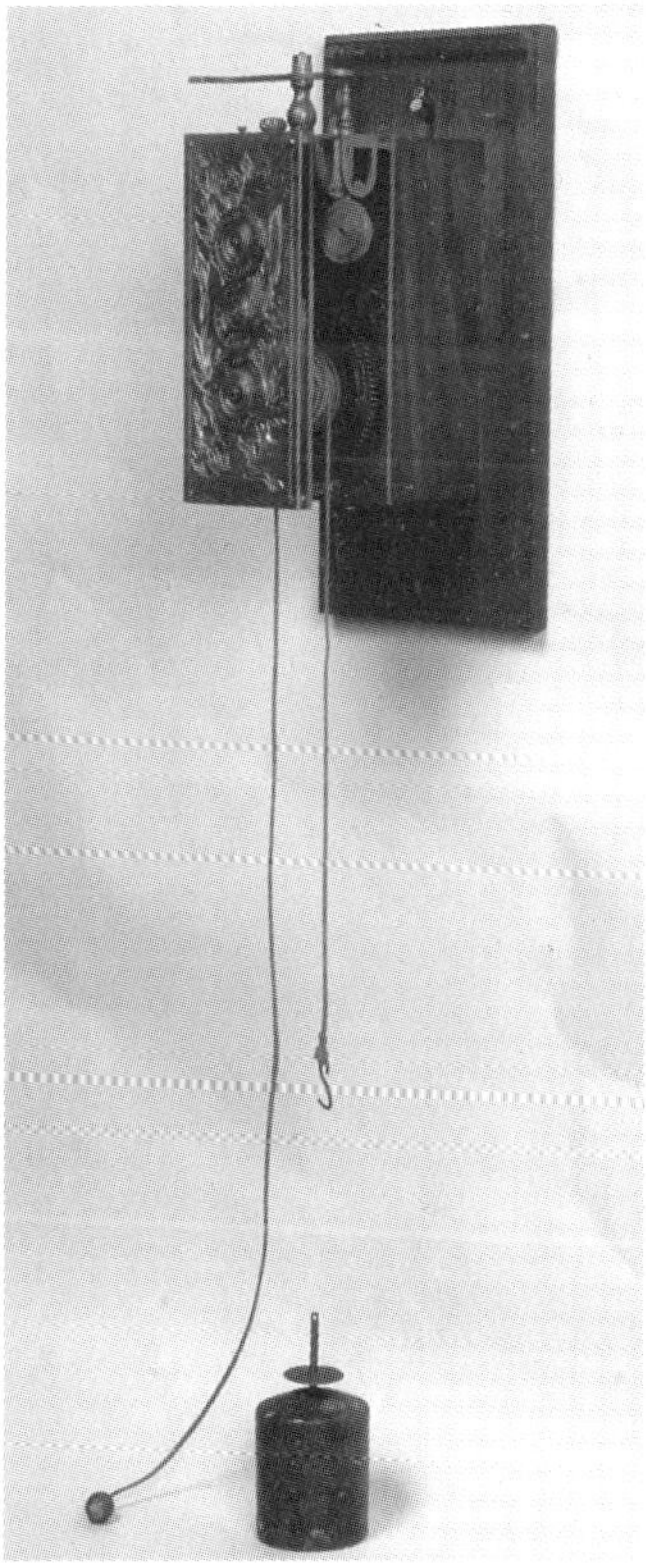

垂揺球儀

針ともいい、当時一般に測量で使われていた。忠敬が用いた「小方位盤」は、杖の頭に取りつけた羅針盤が杖を傾けても、つねに水平になるようにした仕掛けの測量器具で、羅針盤の部分が自在に動くように忠敬が改良したものである。「小方位盤」を測量すべき点に向け、その点の上に立てた測標(「梵天《ぼんてん》」)▲を見通してその方位角を測る。傾斜のある坂道では、斜面の勾配を測って斜距離▲を平面距離になおした。方位盤は大中小とあり、遠山の方位角を測る場合などは、「中方位盤」を用い、半円形をした「半円方位盤」が便利に使用された。「大方位盤」は、運搬に不便であまり使われなかった。

天文観測に使われたのが「象限儀」である。「象限儀」は、望遠鏡のついた大きな分度器で大中小とあったが、天文観測に用いたのは、もっぱら「中象限儀」であった。斜面の傾斜は「小象限儀」で測った。天文観測は、天気さえよければ毎夜行ったので、宿所は、近くに一〇坪程度の観測に適した土地があることが条件だった。また、毎夜観測するので隊員には禁酒が言い渡されていたという。「夜中測量之図」▲には、象限儀や子午線儀▲を用いて測量しているようすが描かれており、忠敬の天文観測のようすを知ることができる。忠敬の使用した方位盤、

▼**梵天**　竹竿の先に短冊状の紙を括ったもので、祭礼や祈禱《きとう》の際に使用する御幣《ごへい》と似ているところから梵天と称した。現在でいえば測量用ポールである。

▼**斜距離**　斜面上の距離は、地図にするときには平面距離になおさなくてはならない。斜面の傾斜は、当初目測で測っていたが、第三次測量以降は、すべて小象限儀により実測したという[大谷亮吉、一九一七]。

▼**「夜中測量之図」**　カバー裏参照。この図のなかで、子午線儀の前に座っている頭巾をかぶった人物が忠敬であるといわれている。

▼**子午線儀**　経緯度算出のため、天体の子午線通過を観測する装置。現存していない。

御用旗

象限儀なども現存しており、国宝に指定されている。

このほか、地図を編集するための製図用具・算盤《そろばん》、測量用具ではないが、「御用　測量方」と染めぬいた旗や「伊能勘解由泊」と書いた宿泊木札など忠敬が愛用し、携行したものが現存しており、その多くが伊能忠敬記念館に所蔵され、展示されている。

「大日本沿海輿地全図」の作成と上呈

足かけ一七年にわたった全国測量が終り、集積された膨大なデータから幕府に上呈するための地図の編集に取りかかった。忠敬の江戸の寓居である黒江《くろえ》町の家は手狭であったので、亀島《かめしま》町に桑原隆朝が住んでいた家を借り、地図御用所として作業所にし、一〇次にわたる測量により集めた測量データを展開し、地図化することを弟子たちとともに精力的に行った。しかし、高齢の忠敬にとって、体力の衰えはいかんともしがたく、一八一八年五月十七日(文政《ぶんせい》元年四月十三日)、地図の完成をみることなく数え年七四歳で死去した。その死は公表せず、地図の作成は、天文方下役と門弟により進められ、一八二一(文政四)年七月には高橋景保が忠敬の孫忠誨をともなって登城し、「大日本沿海輿地全《だいにほんえんかいよちぜん》図《ず》」と「大日本沿海実測録」が幕府に上呈された。「大日本沿海輿地全図」は、大図二一四図幅、中図八図幅、小図三図幅からなり、一四巻からなる「大日本沿海実測録」には、高橋景保の序文と凡例のほか、測量を行った各地の地名や緯度、各地のあいだの距離などが記載されていた。江戸城において老中・若年寄の閲覧を受けたのち、城内の紅葉山《もみじやま》文庫▲におさめられた。紅葉山文庫は、書物《しょもつ》奉行《ぶぎょう》の管轄で、書物奉行は、高橋景保がかねていた。「大日本沿海輿地全図」は、幕府の秘図となり、広く一般に利用されることはなかったが、高橋景保は、書物奉行としてこれを閲覧・利用することのできる立場にあり、そのことが、のちにシーボルト事件（一八二八〈文政十一〉年）を引き起こす元となった。

伊能図の姿

一〇次にわたる測量の成果である「大日本沿海輿地全図」は、一八七三（明治六）年の皇居の火事により焼失し、伊能家の控図も一九二三（大正十二）年の関東大震災により焼失したといわれている。しかし、東京国立博物館所蔵の中図と

▼**紅葉山文庫**　幕府が江戸城内の紅葉山に設けた将軍のための図書館。大名や旗本も書物奉行に申請して借りだすことができた。紅葉山文庫は、明治以降の名称である。

▼**「ペイレ中図」**　イブ＝ペイレ氏の別荘屋根裏から一九七〇年ごろに発見された優品で、全八図葉が現存する。現在は、日本写真印刷株式会社の所蔵。幕末における幕府とフランスの関係から、当時フランス軍人によって持ち出されたのではないかとの説がある。

▼**最終上呈版**　「大日本沿海輿地全図」のほか、伊能家控図、大名家進呈本など一〇次にわたる測量の成果に基づいて作成された伊能図を最終上呈版と称している。

▼**諸侯の依頼により作成された地図**　蜂須賀《はちすか》侯、平戸侯、毛利《もうり》侯、津軽侯などに依頼されて作成されたものがそれぞれ伝存している。

小図、かつてフランス人が所蔵していた中図（「ペイレ中図」▲）など副本の優品が現存している。最終上呈版▲の大図は、近年気象庁やアメリカ議会図書館などにおいて模写本があいついで発見され、全国を二一四図幅で覆う最終上呈版大図の全貌が明らかになった。また、諸侯《しょこう》の依頼により作成された地図▲や各次の測量の終了後に作成された地図も各地の大学や博物館、伊能忠敬記念館などに所蔵されている。各次の測量成果により作成された大図は、伊能忠敬記念館所蔵の第四次までの測量成果による大図（「日本東半部沿海地図」▲）、第七次測量（第一次九州測量）後に作成され幕府に上呈された「九州沿海図」▲などの優品が知られている。今後さらに発見されるものもあるのではないかと思われる。

　渡辺一郎は、これらの伊能図をその作成の経緯から「正本」「副本」「写本」「模写本」「稿本」に分類している[二〇〇〇]。「正本」は、幕府に上呈された図である。「副本」は、伊能家の控図など、伊能測量に携わった忠敬の門弟や天文方下役により作成された図で、諸侯に進呈されたものなど多くの優品が現存する。「写本」は、それ以外の人びとにより写されたものでさまざまなレベルのものがある。「模写本」も写本のうちであるが、とくに明治政府により地形図・海図など

また、幕府要路にあった譜代《ふだい》の大名家にも伝わった。代表的なものは、三河吉田《よしだ》藩主大河内《おおこうち》松平家に伝わった中図（三九ページ参照）である。これは、国の重要文化財で東京国立博物館の所蔵である。

▼**「日本東半部沿海地図」**　三七ページ参照。第四次測量までの成果をまとめて作成された地図で測線にそった地域ごとに名称が付されている。「日本東半部沿海地図」の名称は、保管上の仮称である。国宝。

▼**「九州沿海図」**　第一次九州測量の成果であり、第二次九州測量による福岡以西の西九州および島《とう》嶼《しょ》を欠いている。大図・中図および小図が揃っており、大図二一図幅、中図および小図各一図幅からなる。東京国立博物館所蔵、九州国立博物館保管で国の重要文化財に指定されている。

文政四年大図	全国(原寸大模写図，鳥瞰式縮小模写図，ケバ式縮小模写図，フォームライン式縮小模写図)	海上保安庁海洋情報部	明治期に海軍が模写，原寸大模写図６図幅，その他縮小模写合わせて147枚
文政四年大図(御両国測量絵図)	毛利藩領(周防，長門)	山口県文書館毛利文庫	毛利家旧蔵
文政四年大図	平戸藩領ほか壱岐，五島，佐世保・長崎	松浦史料博物館	松浦家旧蔵，松浦静山の依頼により作成
文化元年日本東半部沿海地図大図	自江戸歴尾州赴北国到奥州沿海図第二～二十八 奥州街道越後街道図第二 奥州街道図第三～十一 越後街道図第三～五 自江戸至奥州沿海図第三～十九 自白川至出羽国図第一～五 自高崎三国街道図第一・二 歴尾州赴北国至奥州沿海図初図 佐渡国沿海全図第一	伊能忠敬記念館	第一次から第四次東日本測量の成果，伊能家控図，国宝
文化八年大・中・小図(九州沿海図)	九州沿海図第一～二十一 中図・小図各１図幅	東京国立博物館	第一次九州測量の成果，国指定重要文化財

＊1821(文政４)年に幕府に提出した「大日本沿海輿地全図」に連なる副本・写本および全国測量途次の中間作成版の地図のおもなもの。

＊大図は縮尺３万6000分の１，中図は縮尺21万6000分の１，小図は縮尺43万2000分の１。

＊渡辺一郎[2000]の伊能図一覧表(2002年８月現在の現存図)から抜粋して一部改変した。

代表的な伊能図

図種(標題)	構　　成	所　蔵　者	備　　考
文政四年小図(日本沿海輿地図小図)	蝦夷地 本州東部 日本西南部	東京国立博物館	高橋景保から提出された副本，昌平坂学問所旧蔵，国指定重要文化財
文政四年小図	蝦夷地 本州東部 西南部	グリニッジ国立海事博物館	幕府軍艦方旧蔵，幕末に英国公使経由イギリス測量艦に渡す
文政四年中図(日本沿海輿地図中図)	蝦夷東 蝦夷西 奥羽 関東 中部 中・四国 九州北 九州南	東京国立博物館	三河吉田藩主大河内松平家旧蔵，国指定重要文化財
文政四年中図	第一　蝦夷 第二　北海道 第三　奥羽 第四　関東 第五　中部 第六　中国四国 第七　九州北部 第八　九州南部	日本写真印刷株式会社	イブ＝ペイレ氏旧蔵，幕末に来日したフランス軍人が持参したのではないか
文政四年中図(伊能忠敬実測中図)	第一　蝦夷 第二　北海道 第三　奥羽 第四　関東 第五　中部 第六　中国四国 第七　九州北部 第八　九州南部	成田山仏教図書館	佐倉堀田家の旧蔵ではないかとの説あり
文政四年大図	北海道から九州	アメリカ議会図書館	明治期に陸軍が模写，207図幅，208枚
文政四年大図	関東・甲信越・南東北	国立国会図書館	明治期に内務省が模写，43図幅

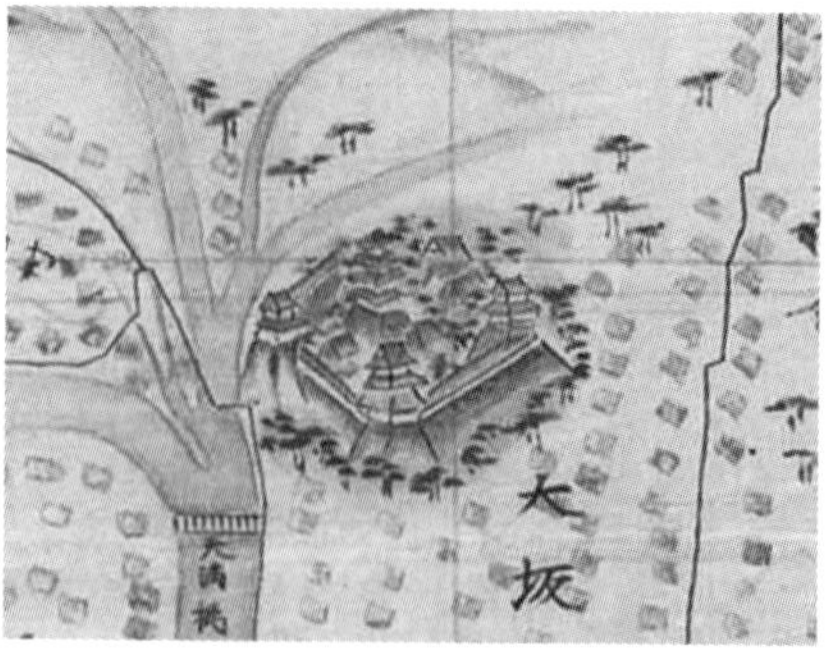

大坂の拡大図（伊能大図第一三五号部分）　大坂城が豪壮に描かれている。

の作成業務の必要上写されたものである。「稿本」は、下図など正本・副本の作成過程の完成度の低いものである。

「大日本沿海輿地全図」は焼失したが、次のような地図であったと考えられる。まず、伊能図に表現される基本的な事項として測線がある。測線は、導線法による測量の軌跡である。朱線で描かれており、副本は、謄写するとき測線の節点に針穴をあけて写している（針突法《しんとつほう》）のが特徴である。測線は、必ず描かれているものであり、伊能図に基づいた地図でも測線が描かれていない場合は伊能図とは呼ばない。

大図と中図・小図ではその表現項目に多少の違いがみられ、またそれぞれの図によっても表現が異なるが、いずれも測線にそって村・町などの地名が記載されている。大図では、村などの地名には集落の家並みが描かれ、めだつ建築物たとえば寺院や神社・城郭《じょうかく》などは大きく独立して描かれる。これらは、現代の地図に比べるときわめて絵画的である。城郭には城主の氏名が記載される。村などの地名には領主である大名・旗本《はたもと》の姓名が記される。記号も使用されており、宿駅には朱の〇印が地名の頭につけられ、天文観測を行ったところには

▼経度の基準　伊能図は、京都三条改暦所《さんじょうかいれきしょ》跡を通る子午線を中度すなわち経度零度としている。

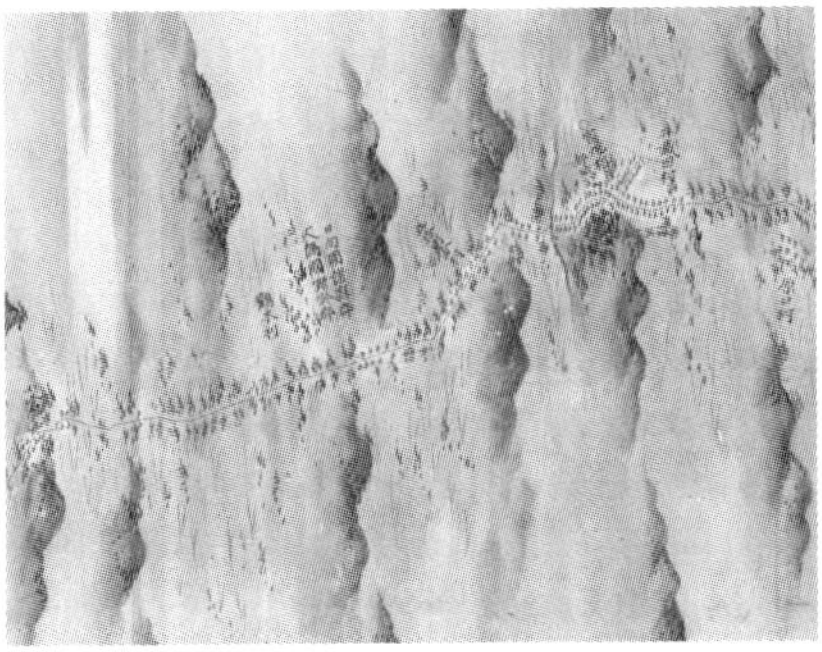

都城《みやこのじょう》（「九州沿海図」第一一部分）街道の並木が描かれている。

朱の☆印がつけられている。また、港・神社も舟形や鳥居の形に記号化されている。大図では、国境や郡境の両側にそれぞれの国名・郡名が記載されている。

中図・小図には、経緯線が記入されていて、経度の基準▲は京都にとられている。村境・郡境・国境も記号で記入され、郡名・国名が記載されている。また、顕著な山を見通した方位線が多数引かれている。富士山など山をめぐって多数の方向から見通したことがわかる。山は、鳥瞰的に描かれており、緑色に彩色されている。河川・湖沼や海は青く塗られており、砂浜と岩石海岸ではその表現に違いがあり、砂浜は黄色く、海食崖はそれらしく焦《こ》げ茶色に塗られている。田畑は茶色に、森林や草地は緑に、湿地は青く、すべてそれらしく描かれている。松や杉と思しき樹木が描かれており、街道の並木や海岸の松並木なども描かれ、二〇〇年前の景観が表現されている。

伊能図の特徴の一つは、測量調査のおよばなかったところは描いていないということである。たとえば、河川や湖沼など測量あるいは実見したところは描いているが、その他の部分を無理につないだりしていない。このようなところに忠敬の科学的・実証的な精神があらわれている。幕末に測量艦アクテオン号

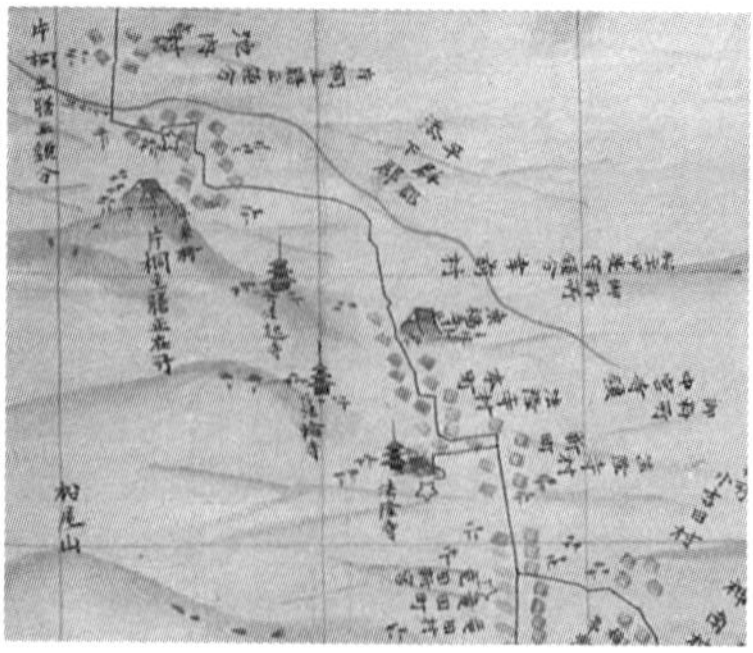

法隆寺《ほうりゅうじ》（伊能大図第一三五号部分）　法隆寺の塔などが描かれている。

▼**総描**　土地利用の状況が複雑で稠密《ちゅうみつ》な場合など、全体をまとめて表現する手法。都市の建物の連なりをまとめてハッチングで表現する場合などがこれにあたる。

がイギリスに持ち帰った小図をイギリスの地図学者がのちにみて、「これを要するに伊能図では、たしかに観測できたものだけが正確に描かれている。このことはその作業を通じて、その基盤に横たわる科学的良心を表すものである」と述べている〔保柳睦美、一九七四〕。伊能図は、実地に測量した測線を正確に描画することにより地図としての精度・正確さを確保できたのである。最後に江戸府内の測量を行い、各次の測線を江戸でつなぐことができたことも日本図としての正確さを高めることができた。

国絵図など江戸時代の地図は、その仕上げを絵師が行うのが一般的であった。伊能図も、山は鳥瞰的に、名のある山は富士山のように壮麗に描かれ、神社仏閣は、その甍《いらか》や塔が描かれている場合もある。城郭もやや図案的ではあるが、それぞれ描き方が違う。「大日本沿海輿地全図」は、色彩豊かで表現も工夫された美術的にも見栄えのする地図であっただろう。現代の地図は、観光地図など絵地図は別として、デジタル化・コンピュータ化の進展とともに、記号化や総描化▲が進み、機能的ではあるが、一方で無味乾燥なものになっている。伊能図の表現に学ぶべき点があるのではないだろうか。

伊能図からみる当時の景観

国立国会図書館・アメリカ議会図書館などが所蔵している伊能大図の模写図から伊能測量当時の日本の景観をみてみよう。日本の国土は、伊能測量当時と比べると著しく改変されている。それらのうち、特徴的な地域をいくつか紹介したい。

犬吠埼

カバー表に犬吠埼《いぬぼうさき》の図を示した。これは、内務省が模写したもので美麗に彩色されており、国立国会図書館が所蔵している。犬吠埼をはじめとする銚子《ちょうし》半島の岬の出入りが詳細に表現され、岬のまわりの岩礁が細かく描かれており、犬吠埼周辺の海岸地形の表現は圧巻である。海蝕作用の卓越した海岸のようすと、波の打ちよせるさままで、想像をたくましくできる地図の描き方である。銚子半島から九十九里浜《くじゅうくりはま》にいたる海蝕崖は屏風ヶ浦《びょうぶがうら》と呼ばれているが、海蝕崖が屏風のように続くようすがまことにリアルに表現されている。海蝕崖の背後は台地であるが、山景が描かれており、台地の上に畑地が続き、台地の縁には樹木が列状に描かれている。

近江八幡

琵琶湖南岸の近江八幡は、歴史のある町並みとともに水郷《すいごう》としても知られたところである(扉写真上参照)。図は、アメリカ議会図書館所蔵の陸軍による模写図で、全体的には無彩色であるが、河川や湖沼は藍色に彩色されているほか、湖岸にそって草色に点描されたところがあり、蘆《あし》のしげった沼沢地を示しているものと考えられる。現在と比べると、沼沢地の広がりが伊能測量当時ははるかに大きく、その後の干拓が著しい。

島原

この図は、アメリカ議会図書館所蔵の陸軍による模写図である(扉写真下参照)。「寛政四年湧出新島」と書かれている。これは、一七九二(寛政四)年雲仙《うんぜん》の眉山《まゆやま》が崩壊を起こし巨大な崩壊土砂が島原湾に流れ込んで多数の小島をつくり、津波を起こして肥後《ひご》にも押しよせたいわゆる「島原大変肥後迷惑」の事変である。この「湧出新島」を細かく測量していることがわかる。現在でも九十九島《つくも》と呼ばれているが、伊能大図に描かれているほどの島の数はない。

③—地図・測量史における伊能図の位置

江戸時代の測量技術と伊能測量の意義

伊能図《いのうず》は、現地で実測して作成された地図である。一般には、伊能図は日本初の実測図であるといわれる。しかし、村単位で実測した地図は伊能図以前にもつくられていた。測量は、江戸時代には、「町見《ちょうけん》術」「量地《りょうち》術」「規矩《きく》術」「測量術」などと呼ばれていた。どちらかといえば、「測量」が天文《てんもん》観測をさすのに対し、「量地」が現代用語としての測量にあたる［松崎利雄、一九七九］。「測量日記」に測量と記載されている場合は、天文観測を行った意味であることが多い。

江戸時代になると、治水などの土木工事や築城、検地《けんち》や村々の境界紛争の裁決などの必要から土地を測り、地図を作成することの需要が高まってくる。そのような背景から、算術書として有名な『塵劫記《じんこうき》』▲などにも測量術についての解説が登場する。江戸時代を通じて測量術の指南書▲が多数出版されている［松崎利雄、一九七九］。距離や方位、面積などをいかに測るかさまざまな書物が残っているが、口伝《くでん》として伝えられたものも多い。測量器具についても、方位角を

▼**『塵劫記』**　和算家《わさんか》吉田光由《よしだみつよし》（一五九八〜一六七二年）が一六二七（寛永《かんえい》四）年に著わした実生活に基づいた数学書。土地の面積や立木の高さを測ることなどが記述されている。

▼**測量術の指南書**　村井昌弘《むらいまさひろ》『量地指南《りょうちしなん》』（一七三三年）、島田道桓《しまだみちたけ》『規矩元法町見弁疑《きくげんぽうちょうけんべんぎ》』（一七三四年）、村井昌弘『量地指南後編』（一七九四年）などがある。

測るための方位盤や距離を測るための間縄《けんなわ》・間竿《けんざお》などの使用法を述べている。また、忠敬が用い、現代においても初歩的な測量として位置づけられる「導線《どうせん》法」「交会法《こうかい》」「放射法」も記述されている。

江戸時代には、「廻《まわ》り検地《けんち》」といわれる羅針《らしん》を用いた測量術が農村社会において普及していた［鳴海邦匡、二〇〇七］。「廻り検地」により作成された村絵図などが各地に残されている。「廻り検地」は、すなわち導線法による測量であり、測量対象たとえば田畑であればその外周を測量する。そのとき、外周は直線で近似され、直線の節点の方位角と距離をつぎつぎに測っていく。そして、外周測量の出発点に戻るのが「廻り検地」である。出発点に戻ることにより誤差をチェックできる。「廻り検地」は、土地境界争いの裁決などに必要な絵図の作成に用いられ、村絵図がつくられ、また土地の面積も測られた。鳴海忠臣は、摂津国《せっつのくに》の事例を研究し、残っていた測量データから地図を復元することも行って、「廻り検地」が十八世紀には、一般的に行われていた測量法であったことを明らかにしている［二〇〇七］。

忠敬の測量は、このような一般に普及していた測量術と基本的に変わるもの

▼**大野弥三郎**　父大野弥五郎《やごろう》から三代にわたる時計師。忠敬の測量行には、欠かさず見送りに来ていたことが「測量日記」に記されている。忠敬の門弟であった渡辺慎（尾形慶助《おがたけいすけ》）が著わした「伊能東河先生流量地伝習録」には、測量器の製作には、時計師大野弥三郎を推奨することが記されている。

ではない。忠敬の行った導線法と交会法による測量は、各地で「廻り検地」の手法に取り入れられていた技術である。しかし、通常の「廻り検地」と異なるのは、全国を持ち歩き、精度を向上できる実用的で精密な測量器具を改良・考案したことである。これらの測量器具は、当代一流の時計師大野《おおの》弥三郎《やさぶろう》▲に注文してつくらせた。

さらに、それまでの測量と本質的に異なるのは、忠敬の測量は、局地的な測量ではなく、いわば日本全国を周回する「廻り検地」であったことである。村々で作成した村絵図や村絵図を集成した国絵図▲、国絵図を集成した日本総図は、描かれている内容の相対的位置関係については、それなりの精度と正確さで描かれていたが、地球上における絶対的な位置基準に基づいていなかった。いわば、地球儀の上に載せようと思っても正しく載せられない地図であったのである。忠敬は、交会法による精度の確保と天文観測による経緯度の測定を行い、地球上における日本の位置と形を明らかにしようとした。いわば地球的視野に立ち、地球儀の上に正しくあらわすことのできる地図▲を作成したのである。これらの点がわが国の地図・測量史のうえで画期的なことであった。

▼国絵図　江戸幕府は、諸藩に命じて各国の地図を統一的に作成し、それらを集成して日本総図を編集した。慶長《けいちょう》、正保《しょうほう》、元禄《げんろく》、天保の四度の国絵図作成事業が知られている[川村博忠、一九九〇]。

▼地球儀の上に正しくあらわすことのできる地図　ここでいう「正しくあらわす」とは、比喩的な表現であり、地球上における日本の位置を明らかにしようとしたことを強調するための表現である。地球儀は球体であり、平面に描かれた伊能図を地球儀に載せることには無理がある。また、忠敬の測量成果は、当時の科学技術の水準を反映しており、当然のことながらその限界や誤りを含んでいる。また、伊能図における経線は、地図が描かれてから引かれている[保柳睦美、一九七四]。

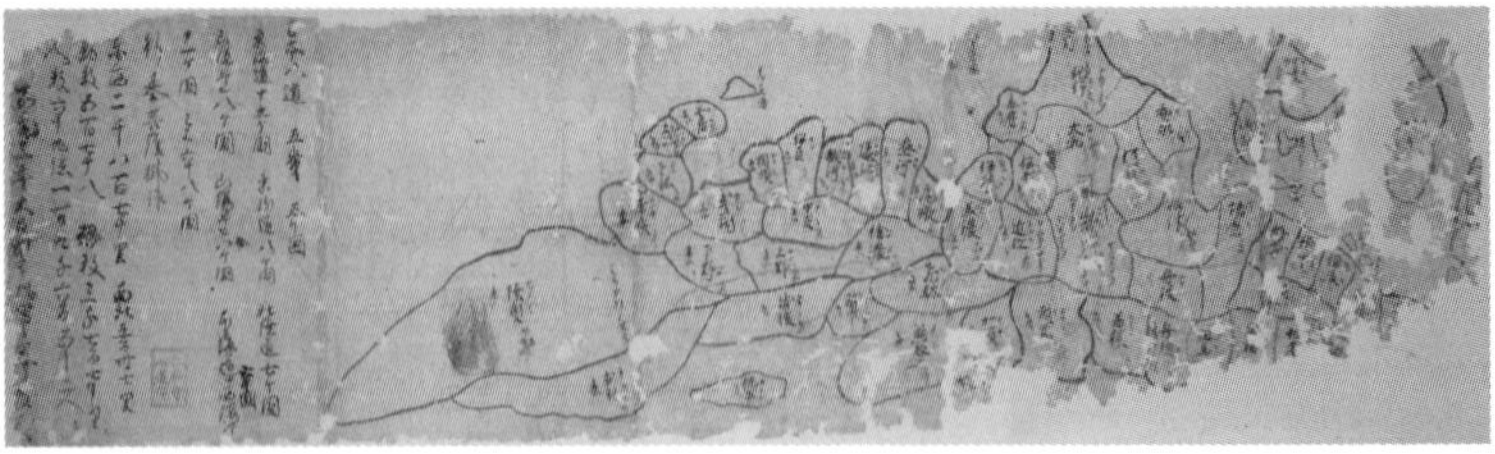

仁和寺所蔵「日本図」

日本図の系譜

日本の国土の形と位置について伊能忠敬以前にはどのように考えられていたのであろうか。日本におけるもっとも古い地図の記録は、『日本書紀《にほんしょき》』の記事にみえる。六四六（大化《たいか》二）年に国々に地図を提出するようにとの指示がくだり、六八一（天武《てんむ》天皇十）年に「多禰《たね》国図」（種子島《たねがしま》の地図）、六八四（天武天皇十三）年には「信濃《しなの》国之図」（信濃国の地図）が奉呈されたとの記述があり、律令《りつりょう》国家のもとで地図の整備の重要性が認識されていたことを示している。しかし、これらの地図は現存せず、どのような地図がつくられたのかその実態はわからない。

現存している最古の日本図は、いわゆる「行基図《ぎょうきず》」と称される地図である。京都仁和寺《にんなじ》に伝わったものは、「嘉元《かげん》三（一三〇五）年」の年紀があり、国の形を団子状に連ねた形をした日本図であり、国の接続関係から全体的に本州の形と識別できる程度のものである。中国・四国・九州の部分などは欠けている。ほぼ同じころのものと考えられている金沢文庫《かなざわぶんこ》所蔵の地図があるが、こちらは東日本が欠けており、日本のまわりを龍または蛇が取り巻いており、「羅刹国《らせつこく》」や「雁道《がんどう》」などの空想の島や土地が描かれている。一方、龍及《りゅうきゅう》（琉球）国宇嶋《うしま》・雨見《あまみ》嶋《じま》(奄美《あまみ》)・唐土《もろこし》・高麗《こうらい》・新羅《しらぎ》といった実在の地も記されている。これらの地図は、奈良時代の高僧行基▲が作成したとの言伝えから「行基図」と呼ばれているが、もちろんその信憑性は薄く、仁和寺本には山城《やましろ》国から赤い線が各国に延びており、都《みやこ》が京都に移って以降の作成であることはまちがいない。このような「行基図」は、中世から近世までさまざまに作成された。「行基図」は、国外にも伝わったとみえ、朝鮮王朝時代(一四七一年)に申叔舟《シンスクチュ》▲が著わした『海東諸国紀《かいとうしょこくき》』の「海東諸国総図」も「行基図」に基づいて描かれている。江戸時代においても「行基図」をもとにした地図が作成されていた。「行基図」は、稚拙な地図であるが、当時の人びとが日本の国土の形や広がりをどのようにとらえていたかがわかる。人びとが日本国内を移動し、旅をすることによって諸国の地理的位置関係を大雑把ではあるが把握し、そのような経験の集積により「行基図」が作成されてきたのであろう。

「行基図」は中世を通じてさまざまな形で描かれ後世に伝わっている。しかし、安土桃山《あづちももやま》時代から江戸時代初期になると「行基図」を脱した地図がつくられるようになる。さらに、江戸時代には、幕府《ばくふ》が官製地図である「国絵図」の作成を各

▼**行基**　六六八〜七四九年。奈良時代の高僧で土木事業や救貧事業などを行ったことで知られている。大僧正《だいそうじょう》となり、行基菩薩《ぼさつ》と称せられたことから、行基の事績として伝説化したものも多く、「行基図」もその一つである。

▼**申叔舟**　一四一七〜七五年。朝鮮王朝初期の政治家で、最高官職の領議政《りょうぎせい》まで上り詰めた人である。一四四三年には、朝鮮通信使《つうしんし》の書状官として日本を訪れた。この経験をもとにして『海東諸国紀』を著わした。

藩に命じて行い、道中図・切絵図などさまざまな地図が民間でも出版されるなど、地図文化の花が咲く。「行基図」を踏襲した地図から、伊能図のような実測地図までさまざまな地図が作成され、各地において村の地図（「村絵図」と総称される）が訴訟や村政の必要から作成されている。

石川流宣《いしかわとものぶ》▲は、「流宣図《りゅうせんず》」と呼ばれる日本図「本朝図鑑綱目《ほんちょうずかんこうもく》」「日本海山潮陸《にほんかいさんちょうりく》図《ず》」を作成したことで知られている。行基図に比べると藩名・宿駅《しゅくえき》など情報が多く、日本の形も行基図を脱している。旅行者にも便利なようにつくられた美しい絵画的な図である。森幸安《もりこうあん》▲は、一七五四（宝暦《ほうれき》四）年に「日本分野図」を作成した。「日本分野図」ははじめて経緯線がはいった地図である。しかし、「日本分野図」は刊行されなかったため、世に広く知られることはなかった。

長久保赤水《ながくぼせきすい》▲は、「改正日本輿地路程全図」を一七七九（安永《あんえい》八）年に作成した。この地図は「赤水図」と呼ばれ、刊行されたため、一般にはもっとも流布した地図であった。多数の赤水図が現存している。「赤水図」は、長久保赤水が「国絵図」や各地から集めた資料と情報により編纂した地図であり、実測図ではないが、経緯線が記入されている。長久保赤水は、森幸安の「日本分野図」を参考に

▼**石川流宣**　生没年不詳。本名を俊之《としゆき》といい、浮世絵師《うきよえし》で菱川師宣《ひしかわもろのぶ》の弟子であった。世界地図である「万国総界図《ばんこくそうかいず》」も作成している。

▼**森幸安**　一七〇一年～?。各地の地図を収集し、「日本輿地図」を編集した。その一部である一七五四（宝暦四）年作成の「日本分野図」には、緯度の数値を記した緯線とそれに直交する方眼が描かれている［三好唯義・小野田一幸、二〇〇四］。

▼**長久保赤水**　一七一七～一八〇一年。常陸《ひたち》国高萩の農民の出身である。水戸藩《みとはん》の儒者《じゅしゃ》となり、藩主徳川治保《はるもり》の侍講《じこう》となった。

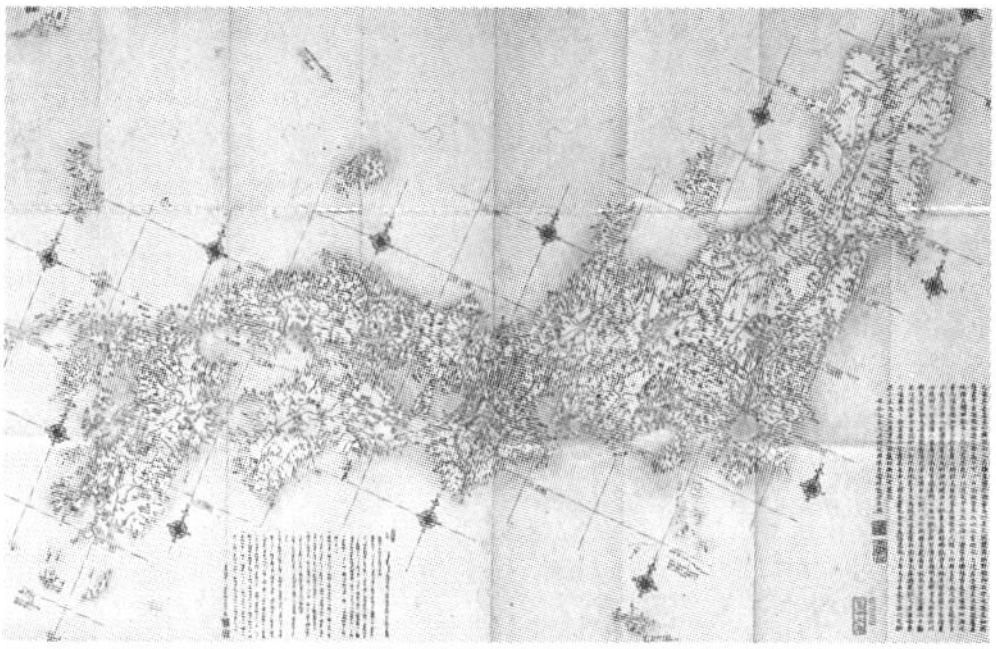

「赤水図」

したといわれており、緯線については緯度数値が記入されている。経線は、単に緯線に直行する線であり、経度数値は記入されていない。

保柳睦美は、「赤水図」の経緯線は単なる方眼であり、したがって経緯線が記入してあるといっては誤りであるといっている[一九七四]。しかし、長久保赤水は、経緯線を意図していたし、その精度はともかく経緯線であることは認めるべきであろう。「赤水図」には、蝦夷地《えぞち》は描かれていないが、赤水七四歳のときには「蝦夷地之図」も作成している。「赤水図」は、伊能測量以前における最高水準の日本図であり、伊能図が刊行されることがなかったのに対し、刊行図が流布し、幕末まで一般に広く利用された。

一方、江戸幕府の命による官製地図である「国絵図」は、数度にわたって作成されたが、そのうち天保《てんぽう》度のものは、伊能図の完成ののちに作成されたものである。伊能図は、海岸線すなわち日本の形を明らかにすることが第一義であり、内陸については必ずしも十分な調査が行われず、地図の表現もあらいのに対し、国絵図は、精度こそ劣るが、日本全土にわたって村々の所在などが同じような粗密度で描かれている。幕府は、伊能図の存在は知っていたが、各藩に命じる国絵図の作成は、幕府の権威の発揚でもあり、内陸を含めた国土の現況を示した「官庫の地図」〔川村博忠、一九九〇〕の必要性があったのであろう。「国絵図」とともに村高などを記載した郷帳《ごうちょう》が作成されたが、天保度においては、過去の国絵図編纂時には作成された「日本総図」▲は作成されなかった。伊能図があれば「日本総図」は必要なかったのであろう〔川村博忠、一九九〇〕。

　以上のように、伊能測量以前に作成された日本図は、「国絵図」を含めて実測図ではなく、編集図▲であった。また、伊能図以外の日本図は、国別に色分けするなど、国の集合体としての日本が意識されている。しかし、伊能図においては、測線《そくせん》にそって国名・郡名やその境界は示されているが、国境を線で表示したり国別に塗り分けるなどの表現は一切とられていない。「国絵図」においても国別・郡別に色が塗り分けられており、各藩に命じて提出させた経緯からも、国や郡といった地域への帰属意識が強かったことがわかる。それに対して忠敬は、地球上における日本の位置付けという観点から全国測量を行ったのであり、日本一国という意識が強かったのではあるまいか。近代国家観の萌芽がみられるというと言いすぎであろうか。

▼**「日本総図」**　日本総図は、寛永、正保、元禄、享保《きょうほう》期に作成されている〔川村博忠、一九九〇〕。

▼**編集図**　国絵図には、実測により作成されたものがあると考えられる。たとえば、対馬《つしま》国絵図は、対馬藩をあげて測量を行い作成したことが知られている。対馬国絵図は、一見してきわめて正確な地図である。

▼**工藤平助**　一七三四～一八〇〇年。仙台藩医。『赤蝦夷風説考』を著わし、ロシアの脅威を説くとともに蝦夷地の開発について老中田沼意次に献策した。

▼**林子平**　一七三八～九三年。一七八五(天明五)年に「三国通覧図」を江戸須原屋《すわらや》から刊行し、引き続き『三国通覧図説』を同じく須原屋から出版した。さらに一七九一(寛政三)年には、『海国兵談《かいこくへいだん》』を

北方図の系譜

前述したように、十八世紀の後半から蝦夷地周辺の北方海域では、ロシアの艦船の出没に幕府は神経をとがらすようになった。一七八四(天明《てんめい》四)年には、工藤平助《くどうへいすけ》▲の『赤蝦夷風説考《あかえぞふうせつこう》』が老中《ろうじゅう》田沼意次《たぬまおきつぐ》に提出され、翌八五(同五)年には、林子平《はやししへい》▲の『三国通覧図説《さんごくつうらんずせつ》』が著わされ、北方の脅威に対し警鐘をならした。『三国通覧図説』に付された北方の地図は、日本の蝦夷地図、中国の『皇輿全覧図《こうよぜんらんず》』▲、ロシアの地図、フランス人ダンヴィル▲の地図などを総合した当時としては世界中で最も情報に富んだ地図であった[秋月俊幸、一九九九]。しかし、北方の地図すなわち「蝦夷国全図」をみると、北海道の形は南北に異常に長く、松前《まつまえ》・箱館《はこだて》などの当時の地名は多数描かれているが、現代のわれわれからみればきわめて異様な地図との印象を受ける。

工藤平助の老中田沼意次への進言は、幕府最初の蝦夷地探検▲につながった。この探検隊の成果として作成された「蝦夷輿地之全図」(一七八六年)は、林子平の「蝦夷国全図」に比べると格段に進歩している。蝦夷地の輪郭も、より実形に近づいており、現地での実地調査により作成された地図がまさることを作成の

著わし、海防の必要性を説いたが、世を惑わすものとして版木《はんぎ》を没収され蟄居《ちっきょ》を命じられた。三国とは朝鮮・琉球・蝦夷であり、この三国の地図と無人島(小笠原《おがさわら》諸島)の地図、すなわち「朝鮮国全図」「琉球全図」「蝦夷国全図」および「無人島之図」とそれらを総合した「三国通覧輿地路程全図」がつけられている。

▼**『皇輿全覧図』** 清朝《しんちょう》第四代の皇帝康熙帝《こうきてい》(一六五四〜一七二二年)がイエズス会の宣教師《せんきょうし》に命じて作成させた中国全土の実測図。

▼**ダンヴィル** 一六九七〜一七八二年。一七三七年に『シナ新地図帳』を刊行したほか、蝦夷地の地図を作成している。

▼**幕府最初の蝦夷地探検** 勘《かん》定奉行《じょうぶぎょう》配下の普請役《ふしんやく》、下役が率いる探検隊には、のちに蝦夷地探検で有名になる最上徳内も参加していた。

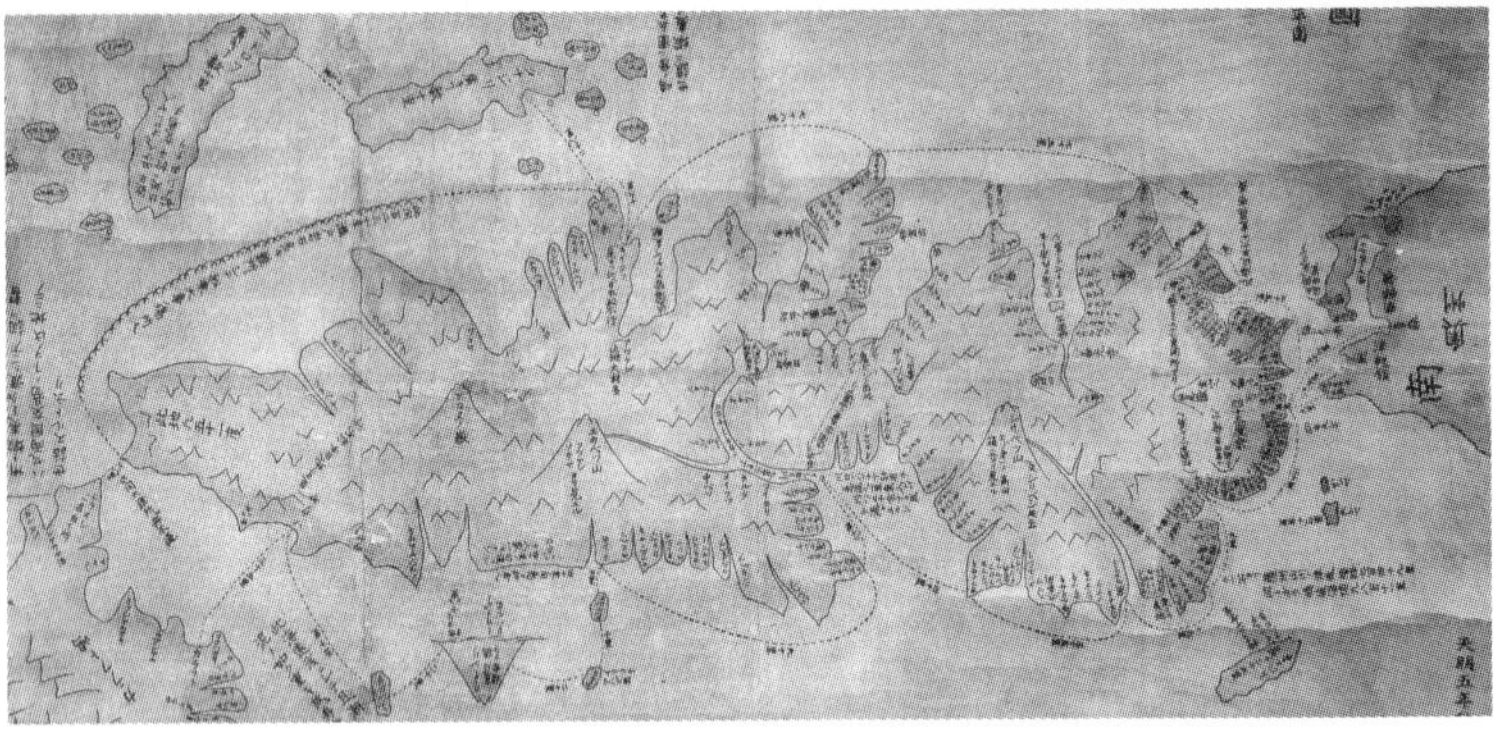

林子平「蝦夷国全図」（部分。『三国通覧図説』）

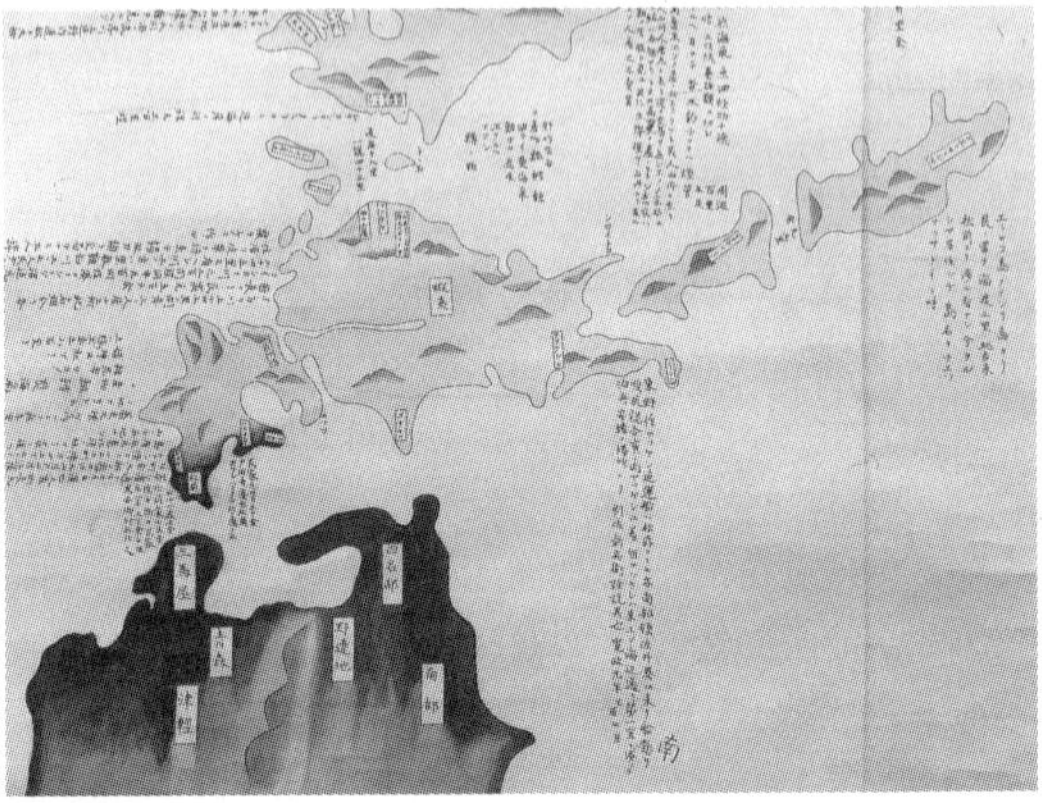

「蝦夷輿地之全図」（部分）

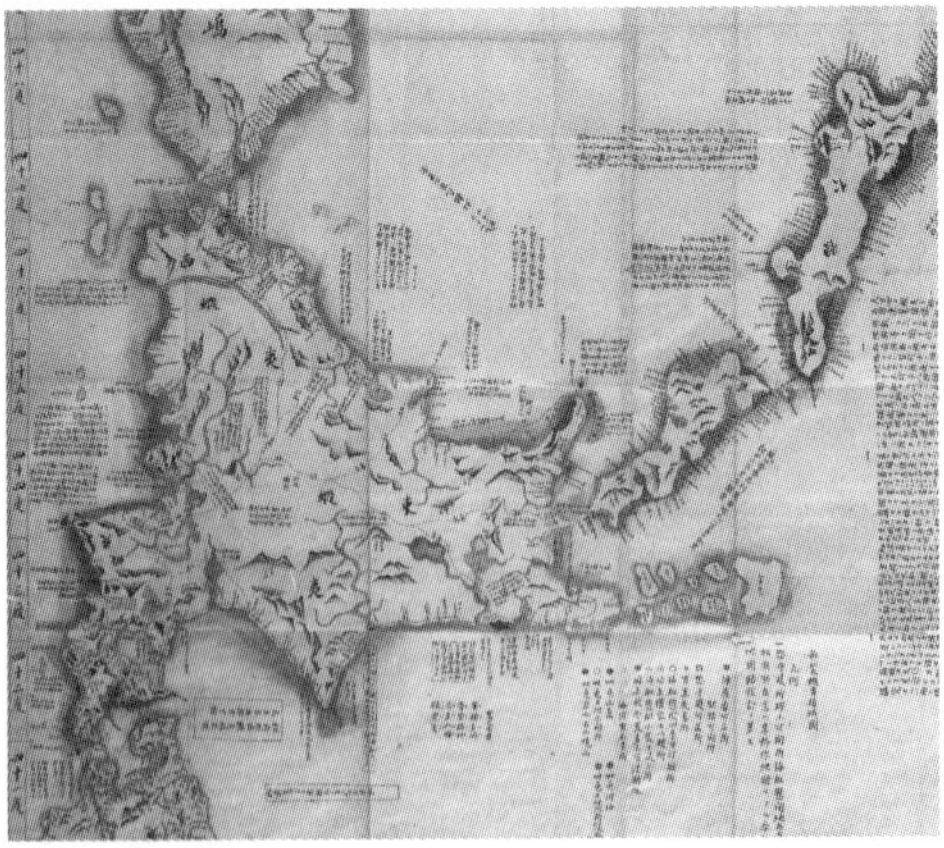

最上徳内「新製蝦夷接域図」（部分）

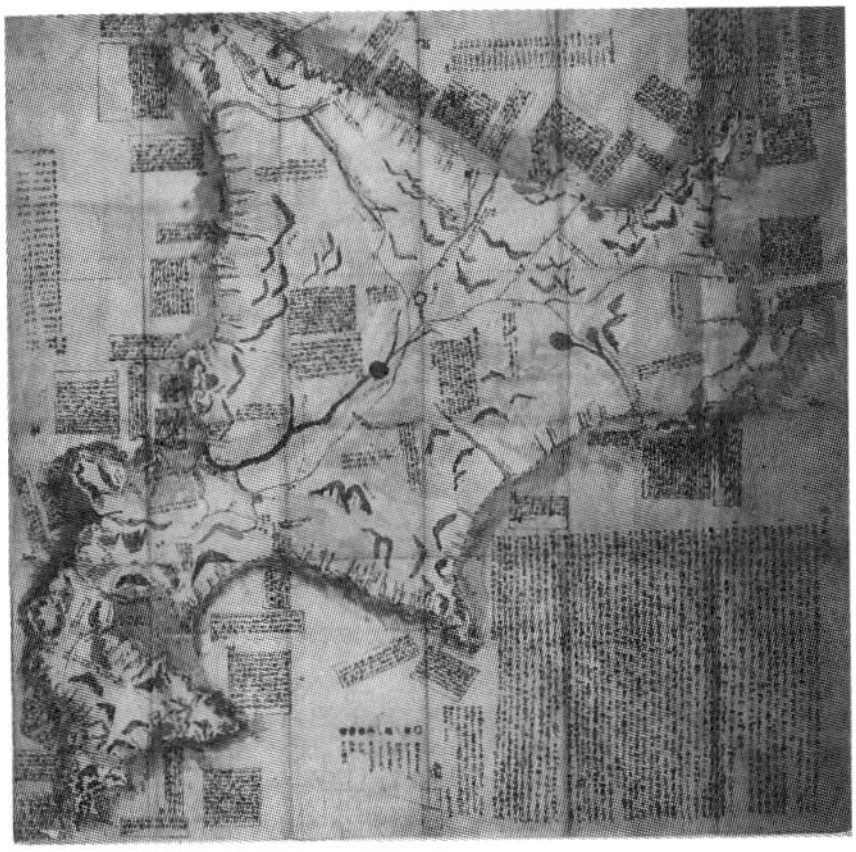

近藤重蔵「蝦夷地絵図」

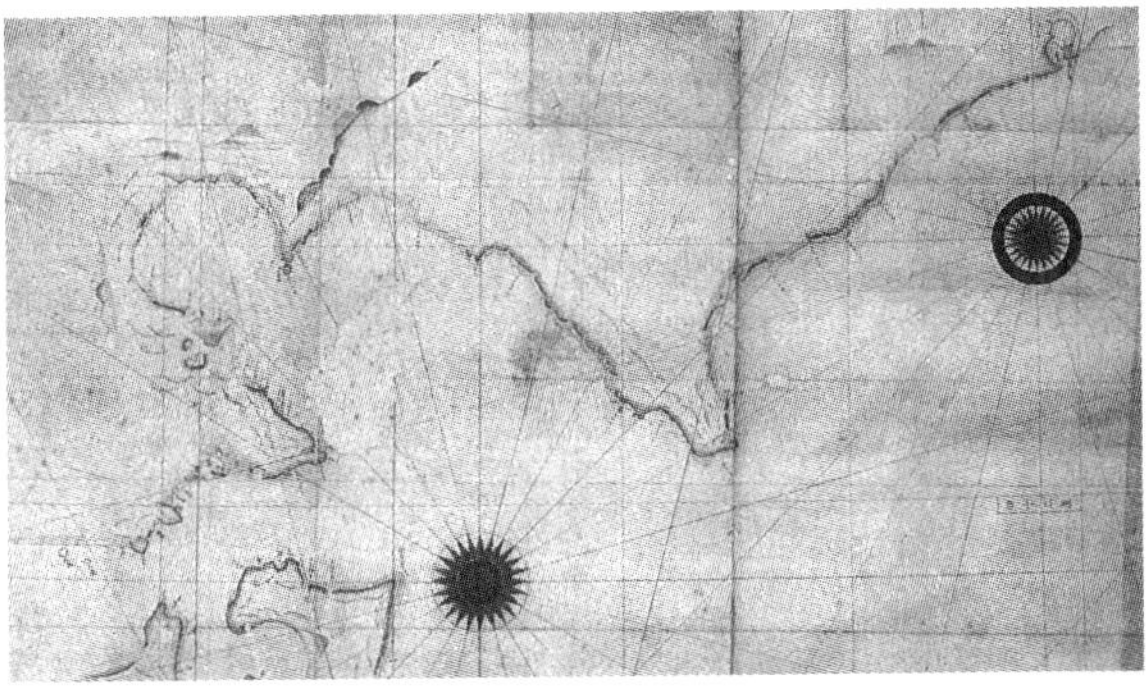

堀田仁助「従江都至東海蝦夷地針路之図」(部分)

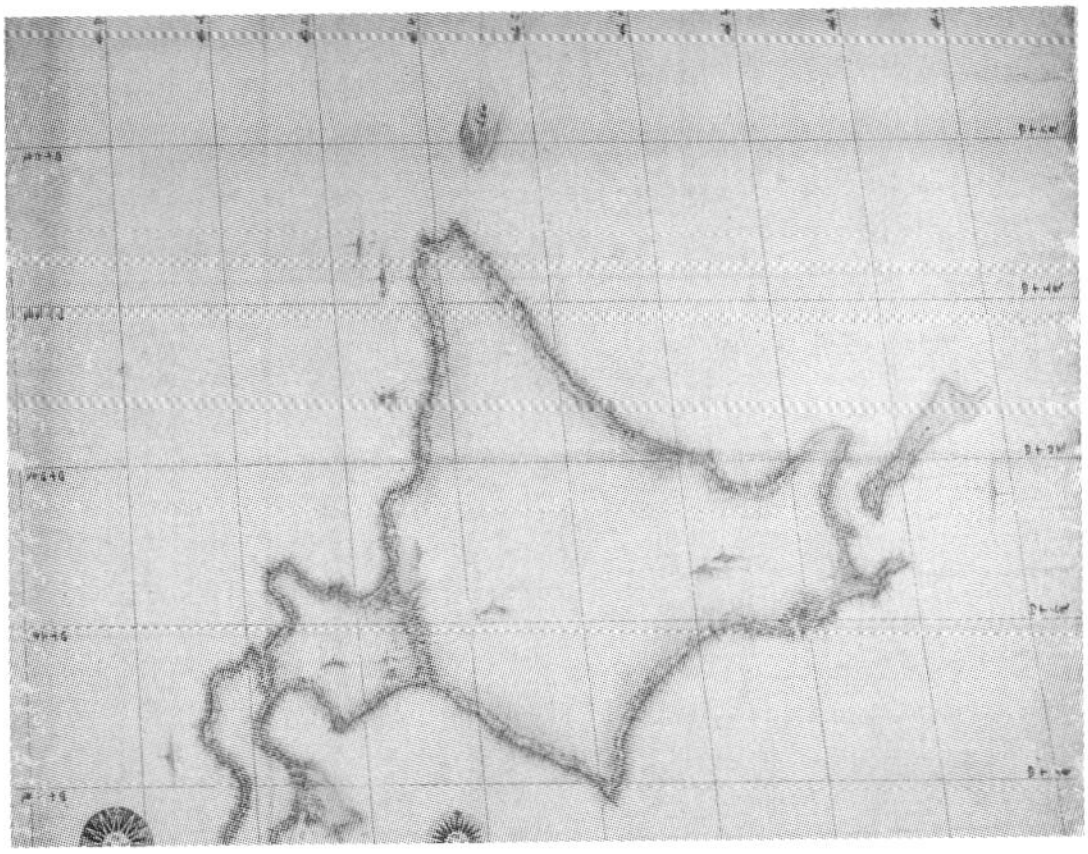

伊能忠敬「日本沿海輿地図」(小図)　蝦夷地。

年次が一年違いにもかかわらず認めることができる。このときの探検隊に参加した最上徳内《もがみとくない》が作成した「新製蝦夷接域図」をみると、蝦夷地の地形は、さらに実形に近づき、経緯度の数値も記入されている［秋月俊幸、一九九九］。

前述したように、一七九六(寛政《かんせい》八)年のブロートンの室蘭《むろらん》への来航をきっかけとして、九八(同十)年に幕府は、再度の調査隊を派遣することとなった。この調査隊は、近藤重蔵《こんどうじゅうぞう》、最上徳内などが参加した大々的なものであったが、その派遣に際して蝦夷地経営の計画を示した「蝦夷地絵図」が近藤重蔵から提出されている。この地図は、最上徳内の調査などを総合した当時の蝦夷に関する最新の情報を盛り込んだものであるといわれており［秋月俊幸、一九九九］、伊能測量が行われる以前の蝦夷地の地図の水準を示している。

幕府の蝦夷地調査の翌年、幕府は、松前藩から東蝦夷地を上知《あげち》させることとなり、蝦夷地への航路を開くため、堀田仁助《ほったにすけ》を蝦夷地に海路派遣した。堀田は、東日本の海岸を海上から測量するとともに、天文測量を行い、蝦夷地各地の緯度を算出し、帰路陸路で測量した成果をあわせ、「従江都至東海蝦夷地針路之《えどよりとうかいえぞちにいたるしんろの》図《ず》」を作成した。

▼**蝦夷地の地図**　北方の探検と地図に関しては、秋月俊幸［一九九九］によるところが大きい。

▼**伊能図に接することのできる立場にあった人びと**　佐渡《さど》奉行所地方付《じかたつき》絵図師であった石井夏海《いしいなつみ》が写した佐渡の図、大村《おおむら》藩測量方峰《みね》源助《げんすけ》が写した四国の中図や伊豆《いず》七島の図などがある。

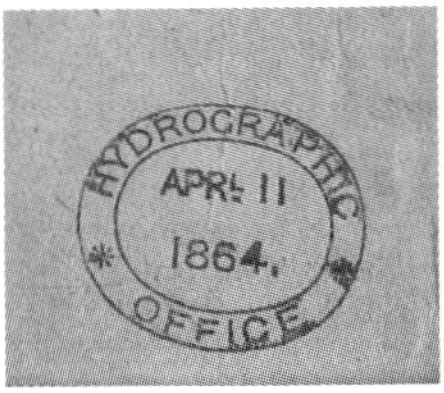

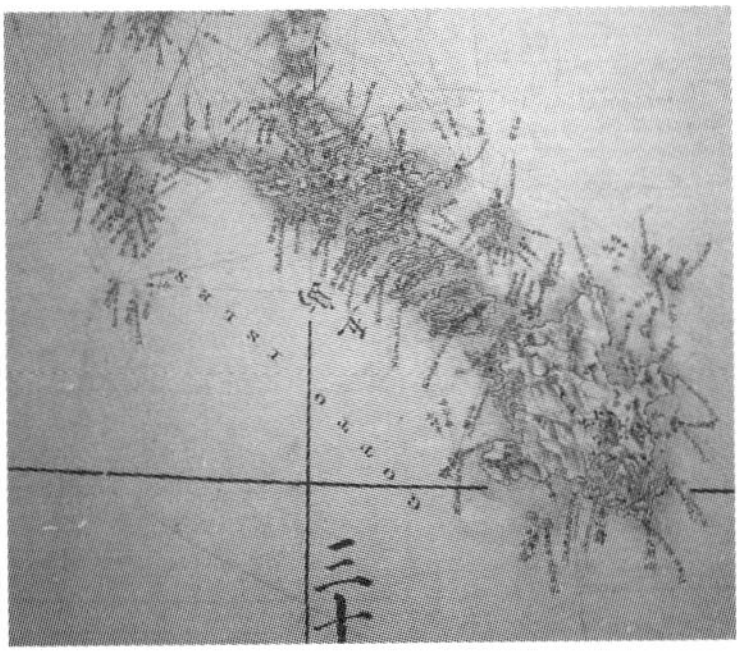

イギリス小図とイギリス海軍水路局の受入れ印（左）　英語表記が加えられ、受入れ年月日の印が押されている。

十八世紀後期になってようやく蝦夷地への関心が高まり、幕府の調査も行われるようになり、蝦夷地の地図は格段の進歩をとげたが、いまだ資料の編集や部分的な測量の集積にとどまり、統一的で組織的な実地測量に基づいた蝦夷地の地図はあらわれていなかった。そのことを幕府が認識していたかどうか判然としないが、少なくともそれまでの地図については、満足していなかったのであろう。高橋至時や忠敬は、そのことを踏まえて、幕府に対し実地測量の意義を強調することにより蝦夷地測量に始まる全国測量を実現したのであり、これに対し幕府にもいささかなりとも期待があったものと思われる。

その後の伊能図

「大日本沿海輿地全図」は、「大日本沿海実測録」をそえ、高橋景保《たかはしかげやす》から幕府に提出されたのち、紅葉山《もみじやま》文庫の奥深く秘蔵されていた。しかし、忠敬の門弟や天文方《てんもんかた》下役により副本が作成され、前述したように幕閣《ばっかく》や伊能図に関心をもち、その写しを所望した諸侯《しょこう》に進呈された。また、幕府天文方に連なるなど伊能図に接することのできる立場にあった人びとが写して現在まで伝わっているものがある。

　伊能図は、幕末になると盛んに利用されることとなる。イギリスの測量艦アクテオン号▲が日本沿海の測量の実施を幕府に迫ったとき、幕府軍艦方が所蔵していた伊能小図の写本を渡した話は有名である。このときの小図の写本は、現在グリニッジの海事博物館に所蔵されている（前ページ参照）。また、海防上必要な資料▲として作成されたと考えられるものもある。幕府が崩壊する前年（一八六七年）には、伊能図を編集して作成した、「官板《かんぱん》実測日本地図」▲が幕府開成《かいせい》所《じょ》から刊行されている。

　明治維新《いしん》後、明治政府はこれを積極的に利用し、模写本が多数作成された。伊能家には、「大日本沿海輿地全図」の控図▲（副本）が残されたが、正本・控図とも焼失してしまい、現在残っているものは、大部分が大名などに進呈された副本と明治以降の模写本である。「大日本沿海実測録」も同じく焼失したが、一八七〇（明治三）年に大学南校《なんこう》▲から刊行されている。

　伊能図は、副本や写しが作成されたにもかかわらず、一方では幕府の秘図として門外不出であったため、これをもらした者は厳罰に処されることとなった。

▼**測量艦アクテオン号**　イギリス艦隊は、伊能図の精度の高さを認め、沿海測量は補足的に行い、伊能小図の写本を持ち帰った。

▼**海防上必要な資料**　「海岸要地之図　武蔵《むさし》・相模《さがみ》・安房《あわ》・上総《かずさ》・下総《しもうさ》」（早稲田大学図書館所蔵）、「豆相武房総沿海図」（筑波大学図書館所蔵）などがある［藤原秀之、二〇〇七］。

▼**「官板実測日本地図」**　伊能小図を元にして木版三色刷で刊行された日本地図。北蝦夷（樺太）を含み四図幅からなる。

▼**「大日本沿海輿地全図」の控図**　伊能家にあった控図は、皇居火事ののち、太政官《だじょうかん》に献納された。内務省、陸軍、海軍が模写本を作成し、東京帝国大学に保管されていたが、関東大震災により焼失したといわれている。しかし、東京大学総合研究博物館が所蔵する中図は、かなりの優品で、焼失をま

一八二八（文政十一）年、天文方高橋景保は、シーボルト▲にクルーゼンシュテルン▲『世界周航記』を譲り受けた代償として伊能図の写しを与えた。このことが発覚し、高橋景保は逮捕され獄死した。判決書には、存命ならば死罪と書かれている。シーボルトは、問題の地図を没収され、永久追放の処分を受けたが、写しを密かにつくり、持ち出して帰国した。没収された地図は、伊能小図を二分の一に縮小したカナ書きの地図で蝦夷・樺太《からふと》、東日本、西日本の三図幅からなる。現在、国立国会図書館が所蔵している。シーボルトは、帰国後著書『日本』のなかで問題の地図を紹介し、間宮海峡の存在を西洋に知らしめた。このいわゆる「シーボルト事件」の発覚は、シーボルトからの手紙を間宮林蔵が幕府に届け出たことによるとされている。最上徳内もシーボルトに地図を与えたが、発覚しなかった。この事件は、伊能測量を継承した天文方下役たちにも累がおよび、伊能測量の系譜は断たれてしまった。

　伊能図が活躍したのは明治以降である。明治政府は、一八六九（明治二）年に民部官《みんぶかん》庶務司戸籍地図掛▲を設置し、幾多の変遷をへて七七（同十）年内務省《ないむしょう》地理局となった。一方、陸軍の系統では、一八七一（明治四）年に兵部省《ひょうぶしょう》陸軍参

ぬがれた副本との説もある。

▼大学南校　一八一一（文化《ぶんか》八）年に天文方に設置された蛮書和解《ばんしょわげ》御用《ごよう》が蕃書調所《ばんしょしらべしょ》となり、六三（文久三）年に開成所と改称された。明治維新後、開成学校と改称し、大学南校となった。のちの東京帝国大学に連なる。

▼シーボルト　一七九六～一八六六年。オランダ商館付きの医師でドイツ人。一八二三（文政六）年に来日し、多岐にわたる日本の事物を収集して持ち帰った。一八五八（安政五）年の日蘭修好通商条約の締結により、追放が解除され、翌年再来日している。

▼クルーゼンシュテルン　一七七〇～一八四六年。ロシア海軍提督。一八〇三～〇六年にかけて世界周航を行った。

▼民部官庶務司戸籍地図掛　国土地理院の源流は、民部官庶務司戸籍地図掛に求められている。

謀局に間諜隊《かんちょうたい》を設置して地図作成にあたらせたが、これも組織の改編をへて七八（同十一）年には、陸軍省参謀本部地図課および測量課となった。この間、陸軍では、伊能図から編纂した「大日本全図」を作成している。一八八四（明治十七）年には、内務省地理局は参謀本部測量局に統合され、八八（同二十一）年には参謀本部陸地測量部となり、一九四五（昭和二十）年の敗戦時まで続いた。現在の国土地理院の前身である。また、一八七一年に兵部省海軍部に水路局が設けられ、水路測量が行われるようになった。水路局は、一八八六（明治十九）年海軍水路部となる。現在の海上保安庁海洋情報部の前身である。

このように、わが国の測量・地図に関する機関は、明治以降敗戦までは軍部の組織であったが、そのなかに、内務省、陸軍、海軍の系統があった。伊能図は、この三系統の機関によって模写された。すなわち、国家として必要な日本図、地形図、海図を作成するために伊能図が利用されたのである。

明治政府は、三角測量に代表される近代測量技術の導入をはかり、三角点・水準点の整備▲を始めたが、莫大な経費と期間を要するため、海岸線などは伊能図に基づき、国絵図なども利用して「輯製《しゅうせい》二十万分之図」を作成した。これは、

▼**三角点・水準点の整備**　一等三角測量は、一八八三（明治十六）年に開始し、一九一三（大正二）年に完成している。一八九一（明治二十四）年には、水準原点を設け、一九一三（大正二）年に一等水準測量を完了した。

▼**海上保安庁海洋情報部所蔵の模写図**　縮小して模写されたものが多い。九州の大分・宮崎などの

三角点網《さんかくてんもう》の整備にともない三角測量に基づく「帝国図」におきかわっていったが、最後の「輯製二十万分之図」である種子島・屋久島の図が新しくなったのは昭和にはいってからだった。伊能図は、一〇〇年にわたり利用されたことになる。

海図の作成にも伊能図は利用された。海上保安庁海洋情報部所蔵の模写図▲は、海軍水路局が一八七七年当時、内務省地理局にあった伊能図を借用して模写したものである。内務省が模写したものは、気象庁で発見され、現在、国立国会図書館が所蔵しているが、伊能家の控図を模写したものであり、もっとも忠実に模写されたものであると考えられている。コンパスローズ▲も描かれており、美麗な図である。陸軍が模写した図▲には、一八七四(明治七)年以降に模写したとの記載があり、同じく伊能家の控図を模写したと思われ、一部彩色されているが、大部分は無彩色に近く、図の出来栄えより地図の情報を優先して短期間で模写しようとしたことがうかがえる。

大図は、原寸の美麗な図である。関東大震災で被災したが、二次的に転写された一四七図葉が保存されている[鈴木純子ほか、二〇〇八]。

▼コンパスローズ　方位盤を模した記号で、地図の方位をあらわすと同時に、地図の接合記号でもある。地図を接続するときは、地図の図郭に半分ずつ描かれたコンパスローズを接合する。三九ページの中図の図郭に描かれている。

▼陸軍が模写した図　この模写図については、戦前には陸軍参謀本部陸地測量部(現在の国土地理院)に存在していたことが記録にあるが、大図二〇七図幅が二〇〇一(平成十三)年にアメリカ議会図書館で発見された。そのいきさつは不明である。北海道・浜松《はままつ》・大阪などの図は彩色されているが、大部分の図は、測線と水部など以外、無彩色に近い。

伊能測量と伊能図の現代的意義

忠敬は、約二〇〇年前の日本を測量し、当時の国土の状況を地図にあらわした。人類に歴史があるように、国土にも歴史がある。忠敬は、日本の歴史に事績を残したと同時に、伊能測量の成果である伊能図は、国土の歴史を物語るものでもある。伊能測量は、海岸線と街道《かいどう》の沿線に限られてはいるが、当時の最先端の科学技術により当時の国土景観を描きあらわそうとしたところにその大きな意義と後世に対する貢献とがある。伊能図に描かれている約二〇〇年前の地理情報を読み解くことが、後世のわれわれには国土を管理するために参考になるのである。

近年、歴史的建造物や歴史的景観などに関心が高まり、文化財保護法においても歴史的景観の意義とその保護がうたわれている。また、景観法が制定され、美しい景観づくりに国民的な関心が高まり、いわゆる古い町並みの探索など中高年齢層などを中心とした静かなブームが起こっている。このような歴史的景観を知るためにも伊能図は役割を果たすはずである。

伊能図には、町村名・アイヌ地名などの地名が多数記載されている。測線が通過する海岸や街道にそった地域のみの地名であるが、「天保郷帳」▲記載の村名との一致度も高く、図に描かれた家並みの規模、領土名の記載とともに、地名の研究に役立つものと思われる。「測量日記」においても、地名の記載は詳細であり、地域によるが、家数などにもふれている。

とかく古地図は、好事家の収集の対象となり、その来歴や系譜についての興味がわくものである。古地図から景観を読み解く研究は、歴史地理学などの分野の学者により行われてきた。このような研究はそれぞれ成果をだされてきているが、壊されつつある景観を保存し復元しようとする作業の基礎資料としても古地図から景観を読み解く研究が活用されることが必要である。伊能図は、約二〇〇年前の国土の景観を実測により描いたものである。わが国の国土景観の再生に伊能図が活用されることを期待したい。

▼「**天保郷帳**」　幕府は、国絵図の作成とともに郷帳を作成した。郷帳は、国郡別に村名・村高などを示した台帳である。「天保郷帳」の村名一覧を作成した滝澤主税編著『日本地名分類法』を参照すると、郷帳の村名と伊能図の村名とは、一致度がきわめて高い。

④——伊能忠敬に学ぶ

日本人の誰もが知っている伊能忠敬

忠敬が作成した日本地図のうち、もっとも縮尺の大きい(三万六〇〇〇分の一)大図二一四枚を集大成した『伊能大図総覧』という文字どおり大冊が二〇〇六(平成十八)年末に発行された。私は、それらの地図に記載されている地名を調べ、その索引をつくったのだが、地名の読み方はむずかしい。読み方をいろいろと調べ、その地名の存在する市町村にも問合せをした。そのとき、電話口にでてきた職員の方に事情を説明して調べてもらうわけだが、「伊能忠敬をご存じですか」と口火を切ると、ほぼ一〇〇%「ええ、知っています。江戸時代に正確な日本地図をつくった人のことですね」という答えが返ってきた。北海道から九州まで(忠敬は、沖縄にはいかなかった)大抵の日本人がその名を知っている歴史上の人物は、そうそういるものではないと思う。

また、国立教育政策研究所の調査によると、歴史上の人物(学習指導要領で教えるべきとされている人物)の業績を小学生・中学生に問うたところ、伊能忠敬は一〇位で聖徳太子《しょうとくたいし》につぎ正答率八四・九%であった(『朝日新聞』二〇〇八年六月二十八日付)。忠敬は、老いも若きも国民的にその名と業績の知られた人物といってよいのではないだろうか。忠敬は、苗字帯刀《みょうじたいとう》を許され、幕臣《ばくしん》になったが、武士としての身分は低かった。しかし、時の将軍徳川家斉《とくがわいえなり》より現代日本人にとって、はるかに知名度が高いのである。

西暦二〇〇〇(平成十二)年は、忠敬が蝦夷地《えぞち》の測量を開始して二〇〇年目にあたり、伊能図《いのうず》の新しい発見などが続いたこともあり、その前後には伊能忠敬ブームが起こったことは記憶に新しい。忠敬の測量の足跡をたどる伊能ウォーク、伊能図の展示、忠敬をテーマにした演劇と映画などさまざまな催しがあり、多くの人びとが参加しておおいに盛り上がった。二〇〇〇年といえば、バブルがはじけ、高齢化社会への人びとの不安が増してきた時期であり、これに対する模範的人物として忠敬の生き方が人びとを勇気づけたということがあるのではなかろうか。

忠敬は、日本全国を歩いて測量し、まさに愚直なまでに根気よく仕事を積み上げ、膨大な成果を残した。そのことがバブルにうかれ、踊らされ、犠牲にもなった人びとに反省と地味な努力の大切さを教えたということがあるだろう。そして、五〇歳を過ぎてから学問に本腰をいれ、日本全国を測量したという「人生二山」の生き方が高齢化社会の模範であり、「中高年の星」であるといったとらえ方をされてもいる。

忠敬本人は、後世このようにもてはやされるとは思ってもみなかったのではないだろうか。草葉の陰からびっくりしていることだろう。しかし、してやったりと思っているかもしれない。伊能忠敬の人生と業績は、多くの面でわれわれ現代人に教えるところにおいて大きいものがある。

伊能忠敬に対するさまざまな評価

戦前の教育において、忠敬は、偉人として扱われた。修身《しゅうしん》の教科書には、忠敬は、刻苦勉励・国威発揚といった価値観の体現者として描かれ、皇民《こうみん》教育の道具とされたのである。このような忠敬偉人論は、戦後払拭されていったが、忠敬が偉大な業績をあげたこと、努力の人であったことなど忠敬が尊敬すべき人物であるという認識は変わっていない。

▼『**新学の先駆**』　土屋元作（一八六六〜一九三二年）の著作。江戸時代の洋学者の伝記を通じて洋学の発達を述べている。一九一二（明治四十五）年発刊。

一方、このような一般的認識と離れ、忠敬が封建《ほうけん》時代の人であったところから、幕藩《ばくはん》体制との関係において忠敬をとらえようとする考え方もある。小島一仁は、土屋元作の『新学の先駆』▲で取り上げられている伊能忠敬伝を紹介し、小伝にもかかわらずそれ以前のどの忠敬伝より優れたものをもっていると評価している。土屋は、忠敬の業績を江戸時代後期における幕藩体制下での民間における近代的科学精神の成長と洋学者《ようがくしゃ》の苦闘という文脈でとらえ、幕府が洋学を抑圧し、幾多の犠牲者をだし、「忠敬が白費を以《もっ》て企てたる事業さへ喜びて賛助せず此《こ》の愛国心に富める実学者をして数年の間無用の苦心を費さしめたり」とまで述べている［一九七八］。

小島一仁は、「『修身』教科書が忠敬を権力と非科学の立場からとらえたものとすれば、土屋はこれを民衆と歴史の側からとらえようとしたともいえるであろう」と述べ、このような見方は、現在にいたってもなお十分に発展させられたとはいいがたいと述べている。そして、大谷亮吉《おおたにりょうきち》の伊能忠敬論は、忠敬の業績について科学的解析を行おうとしたものであり、洋学の発展のなかに位置づけようとしたものであると評価する一方、長岡半太郎《ながおかはんたろう》や大谷は、科学技術の発達という見方でとらえる傾向が強く、学界に身をおき、社会の情勢や国民の動向とは無縁なところで学問を追求していたと批判している〔一九七八〕。小島には、忠敬が洋学を忌みきらう頑迷固陋な権力である幕府《ばくふ》と闘い、民衆のあいだに歴史的必然性をもって興隆してきた洋学を基礎とする科学的精神をもって全国測量を実現した、という見方があるものと思われる〔一九七八〕。

戦前の忠敬偉人論は、実証性に乏しい伝説的見方であるが、このような忠敬が幕藩体制と闘ったという見方も事実とは異なるのではないだろうか。高橋至時《たかはしよしとき》は、幕府若年寄《わかどしより》堀田《ほった》摂津守正敦《せっつのかみまさあつ》に命じられ『ラランデ暦書』を抄訳し、『ラランデ暦書管見』を著わした。『ラランデ暦書』の蘭訳本を堀田摂津守に要望して大枚八〇両で幕府に購入させてもいる。このことをみても、必ずしも幕府が洋学を制限したとはいえない。高橋至時は、もとは大坂定番《じょうばん》の同心《どうしん》で、天文方《てんもんかた》に引き上げられている。寛政《かんせい》の改暦《かいれき》も幕府の命により行われ、蝦夷地の調査も、外圧があったとはいえ、幕府は積極的に行っている。

忠敬の生きていた時代は、幕藩体制下にある身分社会が建て前であり、自由かつ民主的な社会とはいえないが、抑圧された閉鎖社会というとらえ方は一面

▼**和算**　日本で独自に発達した数学である。中国からはいってきた数学は、江戸時代に関孝和《せきたかかず》により大きく発展した。測量術や暦学に高度な数学が必要なため、発達をとげたといわれる。

的であって、実力のあるものは引き上げられ、それなりに流動性のある社会ではなかったろうか。社会の情勢や国民の動向からみれば、生産力の上昇とともに、むしろ百姓・町民のあいだにゆとりができ、和算《わさん》▲などが発達し、町人学者などの輩出を可能にした自由で開放的とさえいえるような時代背景があった。これを幕府も許容し、利用することにより伊能測量を生み出したといえるのではないだろうか。

忠敬は、御用旗《ごようはた》を立て、幕府の威光も使い、その恩恵もありがたく感じていた。また、各地の諸侯《しょこう》からは、便宜供与をたびたび受け、贈り物を頻繁に頂戴していることが「測量日記」にもでている。幕府との折衝に時間を費やしたのは事実であるが、現在でも役所相手のさまざまな手続きには時間が必要である。忠敬に頑迷固陋な幕府の役人を相手にしているという意識はなかったであろう。小島一仁の伊能忠敬論［一九七八］は、それまでの非実証的忠敬偉人論を打破した優れたものであるが、忠敬が守旧的な幕府を相手に苦心惨憺して全国測量を実現したという考え方には、賛成しがたいものがある。一〇次にわたる全国測量を幕府や各藩の理解と支援なしに遂行できたはずがない。

伊能忠敬銅像（東京都江東区深川富岡八幡宮）

伊能忠敬銅像（千葉県香取《かとり》市佐原諏訪《すわ》公園）

現代における伊能忠敬の顕彰

前述したように、伊能測量開始二〇〇年目にあたる西暦二〇〇〇（平成十二）年には、忠敬の測量の跡をたどる伊能ウォーク、伊能図の展覧会、忠敬を主人公にした演劇や映画など盛りだくさんな催しが実施され、多くの人びとが伊能忠敬の人物とその業績についての理解を深めたのではないかと思っている。私は、その当時、国土地理院で測量や地図に関する行政、事業、研究などに責任をおう立場にあったが、伊能忠敬は、われわれ測量・地図に携わる者にとっては、大先輩でご先祖様にあたる人物であり、国土地理院あげてこれらのイベントに協力した。

その後、渡辺一郎氏によるアメリカ議会図書館の書庫に保管されていた伊能大図の発見などがあり、伊能図の基本となる伊能大図の全貌がほぼ明らかになった。この発見を契機にして、全部で二一四図幅の伊能大図を原寸大で複製し、床に広げて展示することが計画され、マスコミなどにも大々的に取り上げられ、多数の人びとにみていただくことができ、伊能忠敬ブームとなったのである。

二〇〇一（平成十三）年には、忠敬が測量行の出発にあたって、必ず参拝した富《とみ》岡《おか》八幡宮（東京都江東《こうとう》区深川《ふかがわ》）に伊能忠敬の銅像を多くの人びとの浄財により建立することができた。

伊能忠敬の生き方に学ぶ

忠敬は、一七四五（延享《えんきょう》二）年に生まれ、一八一八（文政《ぶんせい》元）年になくなっている。徳川将軍でいえば家重《いえしげ》▲、家治《いえはる》▲、家斉の時代である。もちろん江戸時代の身分制度のなかで忠敬も生きたわけであるから、忠敬の生き方をそのまま現代にあてはめるわけにもいかない。しかし、時代を超えて、あるいは現代のような混迷の時代だからこそ忠敬の生き方に学ぶ必要もあるのではないかと思う。

忠敬の生き方は、市場原理で動く複雑で変化の激しい現代においては、なかなか通用しない生き方であるかもしれない。しかし、めまぐるしく変化し不安定な現代社会においてこそ、根気と正直の一方で合理性を身につけ、地に足のついた生き方をした伊能忠敬を改めて評価することが必要であろう。

私は、まず愚直なまでの忍耐と努力をあげたい。足かけ一七年にわたる全国測量を行ったということだけからみても忠敬の愚直な態度を認めない人はいな

▼**徳川家重**　一七一一～六一年。第九代将軍。

▼**徳川家治**　一七三七～八六年。第十代将軍。

いだろう。このような愚直な精神は、現代人には失われているのではないだろうか。効率化・省力化が唱えられ、成果主義が標榜されるなかで、ともすれば楽して短時間に利益をえたいという風潮が強いのが現状である。そのような現代の風潮に対するアンチテーゼとして忠敬の生き方を考えたい。

つぎに忠敬の経済感覚である。忠敬は、家業を成功させ、いわゆる資産家で今風にいえば富裕層であった。その財産を忠敬は全国測量にも費やした。幕府から下賜金《かしきん》があったが、それではたりず、自分の財産を惜しげもなく全国測量のために使ったのである。現代でいえば、国家事業に対して個人が資金をだすということである。いわば国家に対する寄付であり、紺綬褒章《こんじゅほうしょう》の対象である。全国測量と日本地図作成というもっとも公共性の高い仕事をみずからの財産をも投じてなしとげ、国家社会に還元したのである。商人であれば、収益は事業のために使うのが普通であろう。全国測量のために使ったところでみずからの事業にはまったく利益にはならない。むしろ家産を減らすだけ損失である。私財をも投じて後世に残る事業をやりぬいた人物は、歴史上希有な存在といえるのではないだろうか。現代の企業家にとっても、忠敬は一つの目標とするべき人物ではないだろうか。

忠敬は、長女イネに宛てた手紙のなかで「吾等幼年より功名出世を好み……」と書いている［千葉県史編纂審議会、一九七三］。「功名出世」といえば単に名をあげ偉くなりたいかのごとくに聞こえるが、忠敬にとっては、後世に残り歴史的評価にたえる国家的な仕事をしたいという気持ちがあったのではないだろうか。幕府への書状のなかでも後世の役に立つ地図をつくりたいと述べている。妻ミチの祖父にあたる伊能景利《かげとし》▲は、佐原《さわら》村の古記録をまとめた「部冊帳」を編集し、同族の伊能景豊《かげとよ》▲は、楫取魚彦《かとりなひこ》といい賀茂真淵《かものまぶち》門下の国学者《こくがくしゃ》であった。そのような一族の学究的環境も忠敬の人生に影響をあたえたであろう。忠敬の人生に対する意欲と、取りまく環境が天文学《てんもんがく》・暦学《れきがく》にめざめさせ、隠居後の全国測量と実測日本図の完成という壮挙をもたらした。

忠敬は、伊能図の出版▲も考えていたようである。これは、実現しなかったが、事業家としての意欲と伊能図を世に広めたいという希望があったのであろう。私は、現代風にいえば、公共性（世のため人のため）という観念が忠敬の頭のなかにはいつも存在していたのではなかろうかと想像している。そのために資産

▼**伊能景利**　一六六八〜一七二六年。「部冊帳」「伊能景利日記」など、伊能家、佐原村政などに関する膨大な記録を残した。それらの記録の大部分は隠居してからまとめられたものが多かった。忠敬は、その影響を受け、記録を大事にするとともに、隠居後の一大事業にも結びついた［小島一仁、一九七八］。

▼**伊能景豊**　一七二三〜八二年。別名楫取魚彦といい、賀茂真淵に入門して国学・和歌を学んだ。のちに本名を景良《かげよし》と改めた。佐原の伊能忠敬記念館が楫取魚彦の旧宅跡である。

▼**伊能図の出版**　忠敬が小嶋《こじま》九《きゅう》右衛門《えもん》という京都の数学者に宛てた手紙のなかで出版について述べている［伊能忠敬研究会、二〇〇四］。

を費やすことは喜びでもあったに相違ない。その大義名分《たいぎめいぶん》がなければ、五〇歳を超えて足かけ一七年にわたる長い苦闘ともいえる測量行は、続けられなかったのではないかと思う。「世のため人のため」というような言葉は忘れられようとしているが、現代日本人はもう一度思い返す必要があるのではないだろうか。経済至上の世の中で、ともすれば収益をあげることにのみ懸命になる事業家が多い現代において、けっして伊能家の家運を傾けることはせず、みずからの資産をも費やして後世に残る仕事をなしとげた伊能忠敬の生き方を再度振り返ってみる必要があるのではないかと、現代の世相をみながら強く思うのである。

写真所蔵・提供者一覧(敬称略, 五十音順)

伊能忠敬記念館　カバー表(肖像), p. 9左, 20, 21, 31, 47右上・右中・右下・左上・左下, 49

伊能忠敬記念館・河出書房新社　p. 9右

国立国会図書館　カバー表(地図), p. 40

津和野町郷土館・高倉新一郎『北海道古地図集成』北海道出版企画センター　p. 69中

東京国立博物館・Image: TNM Image Archives　p. 34, 39上・下, 41, 55, 69下

東京大学史料編纂所　p. 69上

仁和寺　p. 62

北海道大学附属図書館　p. 68上・中・下

宮尾昌弘所有・呉市入船山記念館保管　カバー裏

明治大学図書館　p. 65

From the collections of the Geography and Map Division, Library of Congress, Washington, D.C, U.S.A.　国土地理院所有「伊能大図(米国)図版データ」使用　扉上・下, p. 33右, 35, 46, 54, 56

著者　p. 4, 16, 22, 23, 33左, 71, 84右・左

参考文献

秋月俊幸『日本北辺の探検と地図の歴史』北海道大学図書刊行会, 1999年
アメリカ大図展実行委員会編『アメリカにあった伊能大図とフランスの伊能中図』財団法人日本地図センター, 2004年
伊藤一男『新考伊能忠敬—九十九里から大利根への軌跡—』崙書房出版, 2000年
井上ひさし『四千万歩の男(一)〜(五)』講談社, 1990年
伊能忠敬研究会編『忠敬と伊能図』アワ・プラニング, 1998年
伊能忠敬研究会編『伊能忠敬未公開書簡集』伊能忠敬研究会, 2004年
今野武雄『伊能忠敬』(現代教養文庫1650), 社会思想社, 2002年
大谷亮吉『伊能忠敬』岩波書店, 1917年
織田武雄『地図の歴史』講談社, 1973年
川村博忠『国絵図』吉川弘文館, 1990年
川村博忠『江戸幕府の日本地図』吉川弘文館, 2010年
国絵図研究会編『国絵図の世界』柏書房, 2005年
小島一仁『伊能忠敬』(三省堂選書39), 三省堂書店, 1978年
財団法人日本地図センター編著『伊能大図総覧(上)(下)』河出書房新社, 2006年
佐久間達夫校訂『伊能忠敬測量日記』大空社, 1998年
鈴木純子ほか「海上保安庁海洋情報部所蔵『伊能図謄写図』」『地図』46－1, 2008年
竹内誠編『徳川幕府事典』東京堂出版, 2003年
滝澤主税編著『日本地名分類法　東日本篇, 西日本篇, 総索引篇』日本地名研究所, 2006年
千葉県史編纂審議会編『伊能忠敬書状　千葉県史料近世篇文化史料一』千葉県, 1973年
土屋元作『新学の先駆』博文館, 1912年
東京国立博物館編『江戸開府400年記念特別展　伊能忠敬と日本図』東京国立博物館, 2003年
東京地学協会編『伊能図に学ぶ』朝倉書店, 1998年
中村士『江戸の天文学者　星空を翔ける』技術評論社, 2008年
鳴海邦匡『近世日本の地図と測量』九州大学出版会, 2007年
藤原秀之「早稲田大学図書館所蔵伊能図(大図)について」『早稲田大学図書館紀要』54, 2007年
保柳睦美編著『伊能忠敬の科学的業績』古今書院, 1974年
松崎利雄『江戸時代の測量術』総合科学出版, 1979年
三好唯義・小野田一幸『図説 日本古地図コレクション』河出書房新社, 2004年
渡辺一郎編著『英国にあった伊能忠敬の日本全図』日本古地図学会, 1995年
渡辺一郎『伊能測量隊まかり通る』NTT出版, 1997年
渡辺一郎『伊能忠敬の歩いた日本』ちくま新書, 1999年
渡辺一郎『図説 伊能忠敬の地図をよむ』河出書房新社, 2000年
渡辺一郎編著『伊能忠敬測量隊』小学館, 2003年
渡部健三『伊能測量隊東日本をゆく』無明舎出版, 2001年

1883	明治16		*2-27* 伊能忠敬に正四位の贈位
1889	22		*12-* 東京地学協会，伊能忠敬測地遺功表を建立
1917	大正 6		*3-30* 大谷亮吉，『伊能忠敬』刊行
1923	12		*9-* 関東大震災により伊能家控図が焼失

大谷亮吉[1917]の「伊能忠敬年譜」および小島一仁[1978]の「伊能忠敬年表」から抜粋し改変して作成。

1799	寛政11	54	*1-* 東蝦夷地，幕府の直轄となる。*6〜11-* 堀田仁助，蝦夷地測量
1800	12	55	閏*4〜10-* 第1次測量。この年，佐原村ほかの農民，忠敬の功についての箱訴
1801	享和元	56	*4〜12-* 第2次測量
1802	2	57	*3-* 子午線1度の長さを算出。*6〜10-* 第3次測量
1803	3	58	*2〜10-* 第4次測量。この年，高橋至時，『ラランデ暦書管見』完成
1804	文化元	59	*1-* 高橋至時死去。高橋景保，天文方となる。*8-* 日本東半部沿海地図を幕府に提出。この年，幕臣となり，西日本測量を命じられる
1805	2	60	*2〜* 第5次測量，岡山で越年
1806	3	61	*11-* 第5次測量終了。この年，孫忠誨生まれる
1807	4	62	この年，第5次測量成果の図化
1808	5	63	*1〜* 第6次測量，伊勢山田で越年。この年，間宮林蔵，樺太探検
1809	6	64	*1-* 第6次測量終了，第6次測量成果の図化。*6〜8-* 間宮林蔵，樺太・アムール川下流を探検。*8〜* 第7次測量，小倉で越年
1810	7	65	この年，第7次測量，大分で越年。間宮林蔵，『東韃地方紀行』を著わす
1811	8	66	*5-* 第7次測量終了，「九州沿海図」を提出。*11〜* 第8次測量，摂津郡山で越年。秋ごろ，間宮林蔵，忠敬に測量術を学ぶ
1812	9	67	この年，第8次測量，肥前賤津浦で越年
1813	10	68	*6-* 長男景敬死去。この年，第8次測量，姫路で越年
1814	11	69	*5-* 第8次測量終了。*6* 八丁堀亀島町に転居
1815	12	70	*2-* 江戸府内予備測量。*4〜* 第9次測量(忠敬は不参加)
1816	13	71	*4-* 第9次測量終了。閏*8〜10-* 第10次江戸府内測量。この年，「大日本沿海輿地全図」の作成。『仏国暦象編斥妄』を著わす
1817	14	72	この年，「大日本沿海輿地全図」の作成。健康衰える
1818	文政元	73	*4-13* 亀島町の自宅で死去。遺言により浅草源空寺の高橋至時の墓側に埋葬
1821	4		*7-*「大日本沿海輿地全図」が完成し，幕府に提出。*9-4* 忠敬の喪を発す
1823	6		この年，源空寺に墓碑建立
1827	10		この年，孫忠誨死去
1828	11		*10-* シーボルト事件
1829	12		*2-16* 高橋景保獄死
1867	慶応3		この年，幕府開成所，『官板実測日本地図』出版
1873	明治6		*5-* 皇居火事により「大日本沿海輿地全図」が焼失

伊能忠敬とその時代

西暦	年号	齢	おもな事項
1745	延享2		*1-11* 上総国山辺郡小関村小関(神保)貞恒の次男として誕生
1751	宝暦元	6	*12-* 母と死別。父貞恒は，上総国武射郡小堤村の神保家に戻る
1755	5	10	この年，父の実家小堤村の神保家に引き取られる
1762	12	17	*12-* 下総国香取郡佐原村伊能家の娘ミチの婿養子となる。林鳳谷から「忠敬」の名乗りをあたえられる
1763	13	18	この年，長女イネ生まれる
1764	明和元	19	*11-30* 高橋至時生まれる
1766	3	21	この年，長男景敬生まれる。佐原村凶作，窮民を助ける
1769	6	24	この年，次女シノ生まれる
1774	安永3	29	*8-* 杉田玄白ら，『解体新書』出版
1775	4	30	*3-* 間宮林蔵生まれる
1778	7	33	*5〜6-* ミチをともない奥州松島に旅行。この年，佐原村が旗本津田氏の知行所となる
1779	8	34	長久保赤水，「改正日本輿地路程全図」出版
1781	天明元	36	*8-* 佐原村本宿組名主となる
1783	3	38	*1-* 工藤平助，『赤蝦夷風説考』を著わす。*7-* 浅間山大噴火。*9-* 津田氏から苗字帯刀を許される。*12-* ミチ死去。この年，利根川洪水により凶作，天明の大飢饉の始まり(〜88年)。堤防修築に奔走
1784	4	39	*8-* 村方後見となる
1785	5	40	この年，高橋景保生まれる。林子平，『三国通覧図説』出版
1786	6	41	この年，大凶作，窮民を助ける。次男秀蔵生まれる
1787	7	42	この年，松平定信，老中筆頭となる
1788	8	43	*12-* 次女シノ死去。この年，三男順治生まれる
1789	寛政元	44	この年，三女コト生まれる
1790	2	45	*6-* 仙台藩医桑原隆朝の長女ノブを継室に迎える
1791	3	46	この年，家訓を書く。林子平，『海国兵談』出版完了
1792	4	47	*9-* ロシア使節ラクスマン，根室に来航。この年，津田氏から三人扶持をあたえられる
1793	5	48	*2〜6-* 久保木清淵らと関西に旅行
1794	6	49	*1-* 三男順治死去。*12-* 家督を長男景敬に譲り隠居，勘解由と名を改める
1795	7	50	*3-* 妻ノブ死去。*4-* 高橋至時，暦局にはいり，11月に天文方となる。*5-* 江戸へでて深川黒江町に住む。*6-* 間重富も暦局にはいる。この年，高橋至時の門にはいる
1796	8	51	*9-* イギリス船(ブロートン)，室蘭に来航
1797	9	52	この年，白昼金星の南中を観測する
1798	10	53	この年，エイを内縁の妻とする。近藤重蔵，択捉島探検。寛政暦に改暦

星埜由尚(ほしの よしひさ)
1946年生まれ
東京大学大学院博士課程満期退学
専攻，地理学・地図学
現在，社団法人日本測量協会顧問・伊能忠敬研究会特別顧問
主要著書
『伊能大図総覧』(共著，河出書房新社2006)
『完全復元伊能図』(伊能忠敬研究会2009)
『伊能図大全』(共著，河出書房新社2013)
『伊能忠敬の足跡をたどる』(日本測量協会2018)

日本史リブレット人 057
伊能忠敬《いのうただたか》
日本をはじめて測った愚直の人
2010年4月20日　1版1刷　発行
2021年11月30日　1版4刷　発行
著者：星埜由尚《ほしのよしひさ》
発行者：野澤武史
発行所：株式会社 山川出版社
〒101－0047　東京都千代田区内神田1－13－13
電話　03(3293)8131(営業)
　　　03(3293)8135(編集)
https://www.yamakawa.co.jp/
振替　00120-9-43993
印刷所：明和印刷株式会社
製本所：株式会社 ブロケード
装幀：菊地信義

Printed in Japan ISBN 978-4-634-54857-2

日本史リブレット 人

1 卑弥呼と台与 ―― 仁藤敦史
2 倭の五王 ―― 森　公章
3 蘇我大臣家 ―― 佐藤長門
4 聖徳太子 ―― 大平　聡
5 天智天皇 ―― 須原祥二
6 天武天皇と持統天皇 ―― 義江明子
7 聖武天皇 ―― 寺崎保広
8 行基 ―― 鈴木景二
9 藤原不比等 ―― 坂上康俊
10 大伴家持 ―― 鐘江宏之
11 桓武天皇 ―― 西本昌弘
12 空海 ―― 曾根正人
13 円仁と円珍 ―― 平野卓治
14 菅原道真 ―― 大隅清陽
15 藤原良房 ―― 今　正秀
16 宇多天皇と醍醐天皇 ―― 川尻秋生
17 平将門と藤原純友 ―― 下向井龍彦
18 源信と空也 ―― 新川登亀男
19 藤原道長 ―― 大津　透
20 清少納言と紫式部 ―― 丸山裕美子
21 後三条天皇 ―― 美川　圭
22 源義家 ―― 野口　実
23 奥州藤原三代 ―― 斉藤利男
24 後白河上皇 ―― 遠藤基郎
25 平清盛 ―― 上杉和彦
26 源頼朝 ―― 高橋典幸
27 重源と栄西 ―― 久野修義
28 法然 ―― 平　雅行
29 北条時政と北条政子 ―― 関　幸彦
30 藤原定家 ―― 五味文彦
31 後鳥羽上皇 ―― 杉橋隆夫
32 北条泰時 ―― 三田武繁
33 日蓮と一遍 ―― 佐々木馨
34 北条時宗と安達泰盛 ―― 福島金治
35 北条高時と金沢貞顕 ―― 永井　晋
36 足利尊氏と足利直義 ―― 山家浩樹
37 後醍醐天皇 ―― 本郷和人
38 北畠親房と今川了俊 ―― 近藤成一
39 足利義満 ―― 伊藤喜良
40 足利義政と日野富子 ―― 田端泰子
41 蓮如 ―― 神田千里
42 北条早雲 ―― 池上裕子
43 武田信玄と毛利元就 ―― 鴨川達夫
44 フランシスコ＝ザビエル ―― 浅見雅一
45 織田信長 ―― 藤田達生
46 徳川家康 ―― 藤井讓治
47 後水尾院と東福門院 ―― 山口和夫
48 徳川光圀 ―― 鈴木暎一
49 徳川綱吉 ―― 福田千鶴
50 渋川春海 ―― 林　淳
51 徳川吉宗 ―― 大石　学
52 田沼意次 ―― 深谷克己
53 遠山景元 ―― 藤田　覚
54 酒井抱一 ―― 玉蟲敏子
55 葛飾北斎 ―― 大久保純一
56 塙保己一 ―― 高埜利彦
57 伊能忠敬 ―― 星埜由尚
58 近藤重蔵と近藤富蔵 ―― 谷本晃久
59 二宮尊徳 ―― 舟橋明宏
60 平田篤胤と佐藤信淵 ―― 小野　将
61 大原幽学と飯岡助五郎 ―― 高橋　敏
62 ケンペルとシーボルト ―― 松井洋子
63 小林一茶 ―― 青木美智男
64 鶴屋南北 ―― 諏訪春雄
65 中山みき ―― 小澤　浩
66 勝小吉と勝海舟 ―― 大口勇次郎
67 坂本龍馬 ―― 井上　勲
68 土方歳三と榎本武揚 ―― 宮地正人
69 徳川慶喜 ―― 松尾正人
70 木戸孝允 ―― 一坂太郎
71 西郷隆盛 ―― 徳永和喜
72 大久保利通 ―― 佐々木克
73 明治天皇と昭憲皇太后 ―― 佐々木隆
74 岩倉具視 ―― 坂本一登
75 後藤象二郎 ―― 村瀬信一
76 福澤諭吉と大隈重信 ―― 池田勇太
77 伊藤博文と山県有朋 ―― 西川　誠
78 井上馨 ―― 神山恒雄
79 河野広中と田中正造 ―― 田崎公司
80 尚泰 ―― 川畑　恵
81 森有礼と内村鑑三 ―― 狐塚裕子
82 重野安繹と久米邦武 ―― 松沢裕作
83 徳富蘇峰 ―― 中野目徹
84 岡倉天心と大川周明 ―― 塩出浩之
85 渋沢栄一 ―― 井上　潤
86 三野村利左衛門と益田孝 ―― 森田貴子
87 ボアソナード ―― 池田眞朗
88 島地黙雷 ―― 山口輝臣
89 児玉源太郎 ―― 大澤博明
90 西園寺公望 ―― 永井　和
91 桂太郎と森鷗外 ―― 荒木康彦
92 高峰譲吉と豊田佐吉 ―― 鈴木　淳
93 平塚らいてう ―― 差波亜紀子
94 原敬 ―― 季武嘉也
95 美濃部達吉と吉野作造 ―― 古川江里子
96 斎藤実 ―― 小林和幸
97 田中義一 ―― 加藤陽子
98 松岡洋右 ―― 田浦雅徳
99 溥儀 ―― 塚瀬　進
100 東条英機 ―― 古川隆久

〈白ヌキ数字は既刊〉